作 者 名 单

主　编：窦继红

编　者：安　伟　　陈　岩　　董亚飞
　　　　李立超　　李云雷　　马建梅
　　　　王　娟　　席丽丽　　杨　波
　　　　杨林林　　张　娇　　张耀辉
　　　　张　卓　　周春毓　　周　宇

XIAOXUE ZUOWEN

KEYI ZHEYANG JIAO

小学作文
可以这样教

主 编 窦继红

NORTHEAST NORMAL UNIVERSITY PRESS

东北师范大学出版社

WWW.NENUP.COM

图书在版编目（CIP）数据

小学作文可以这样教 / 窦继红主编. —长春：东北师范大学出版社，2019. 8

ISBN 978 - 7 - 5681 - 6156 - 5

Ⅰ.①小… Ⅱ.①窦 Ⅲ.①作文课－教学研究－小学 Ⅳ.①G323.242

中国版本图书馆 CIP 数据核字（2019）第 174593 号

□责任编辑：何　云　　□封面设计：林　雪

□责任校对：马启娜　　□责任印制：张允豪

东北师范大学出版社出版发行

长春净月经济开发区金宝街 118 号（邮政编码：130117）

电话：0431—84568052

网址：http://www.nenup.com

东北师范大学音像出版社制版

长春方圆印业有限公司印装

长春市绿园区迎宾路 2066 号（邮政编码：130062）

2019 年 8 月第 1 版　2019 年 8 月第 1 次印刷

幅面尺寸：169 mm×239 mm　印张：12　字数：150 千

定价：42.00 元

目　录

第 一 章

语文作文教学的现状分析

近些年来，伴随着高考形式的不断变革，语文学科逐渐被大家所重视。在各级各类语文考试中，作文分所占比例最高。作文，可以说是语文试卷的半边天。然而作文写作常常面临"失之毫厘，谬以千里"的情况，审题、立意、谋篇、布局，无论哪一环节出现失误，结果皆不尽如人意。不少学生皱紧眉头，觉得写作比登天还难。年轻教师对于作文教学，往往也是无从下手，缺少方法。

第一节　作文教学的困惑

针对许多老师的实际教学情况，笔者将收集的困惑归纳为以下三方面：

一、学生不会观察，没有素材可写

很多教师在作文指导时都觉得无法完成教学任务，抱怨学生缺乏生活实践经验。但事实并非如此，孩子们每天都享受着丰富的日常生活。做游戏、捉迷藏、分享零食、学习特长……生活中这么多点点滴滴，孩子们都在亲身经历，可是为何提起笔，他们还是不知道从哪里写起？这是由于生活和写作之间没有搭建桥梁。孩子虽经历着，却不懂得留心观察。教师在课堂的讲解，只有笼统的形象留在他们头脑中，却很难形成细致的画面。"巧妇难为无米之炊"，学生亦是如此。学生只能写出大概内容。作文规定的字数对于他们来说，并不那么贴切。情急之下，为了完成作业，学生只好照着作文选中的例文，生搬硬套，凑字数。如此应付了事，可想而知，学生再次面临写作也只能是抗拒。

二、学生缺少感悟，没有情感可表达

写作同说话一样，是满足人们交流的需要的一种方式，是人类情感的一种表达。写作看似一件寻常的事，素材都取于自己的生活经验，但现在的孩子大多是独生子女，父母、爷爷、奶奶等长辈给予的呵护过多。众星捧月般长大的他们，自小就不需要表达，不必做任何事，因为他们的长辈会操持一切。看似长辈的爱高过一切，但与此同时，孩子也失去了口语表达的机会，更失去了对外界刺激的反应能力。在这种环境下长大的孩子，面对花开的香气，鸟鸣的婉转，四季更迭的美丽却无动于衷，甚至感受不到他人的情绪。因为在这些孩子的世界里，觉得一切本该如此。孩子对周围环境不敏感，也就失去了写作的重要源泉。教师设置的写作情境，他们没有经历，自然也没有什么情感可以表达。提笔写作，孩子只能体验作文所带来的痛苦感受。

三、学生缺乏乐趣，写作功利性强

"兴趣是最好的老师"，如果学生在写作中只体验到痛苦，没有乐趣可言，久而久之，学生自然会望写生畏。目前的作文教学并没有形成规范的指导方法，有的只是在应试教育指挥棒下，滋生的各种写作秘籍。好像写作文与自己的情感表达已经没有多大关系，只是将平时积累的华丽辞藻，利用写作技巧罗列在一起，便可达到文从字顺、得高分的目的。在这样的功利之心驱使下，出现了一大批"华丽"文章，不知不觉，学生们就觉得作文只是为了应付考试之用，写作更是无用而枯燥，渐渐产生厌烦情绪。近年来高考招生，也出现了重理而轻文的趋势。如此说来，没有乐趣的事，终是难以坚持的。

第二节　作文教学的误区

《语文课程标准》提出："写作教学应贴近学生实际，让学生易于动笔，乐于表达，应引导学生关注现实，热爱生活，表达真情实感。"但在现实中，教师往往很难做到。

一、重技巧，轻体验

写作教学要想贴近学生实际，一定离不开亲身体验。早在 20 世纪 90 年代初，许多学校就开始组织学生进行春游和秋游，观看电影，设置了专门的劳动技能课程以及一些运动项目，这些活动都为孩子们的写作带来了大量素材。那时候有很多作文课，是在草地上、公园里进行教学的。在老师的指导下，孩子们亲眼看到小草发芽，花儿盛开，还可以亲手体验制作模型。然而进入 21 世纪，出于安全的考虑，学校开展的社会实践活动越来越少，为学生提供的活动场所更是少之又少。受环境的限制，学生缺失了对现实的观察，写作自然也就成为空谈。况且考试的压力日益增长，教师们不得不将写作教学重点放在写作技巧上，这样的作文往往会成为新"八股文"，因为它缺少原有的个性与活力。

二、唯课本是从，无自主性

每学期的八次作文，令许多学生为难，也是不少教师的苦恼。八次写作指导足以让教师头疼不已；写作后的作文批改和讲评更让他们觉得写作教学就是个苦差事。但为了学生能从容应对考试，教师又不得不咬牙坚持。作文题目普适性强的，还易指导，但有的作文题目本身就与学生生活存在极大的差异。例如让城市里的孩子写"乡下人家"，让没养过动物的孩子写"小动物"，这时学生该如何落笔呢？教材本来是具有指导性的，但由于要求过于具体，缺少灵活性，反倒成为教学的禁锢。此时，如果教师还按部就班地以书本为主进行教学，学生极有可能陷入"围城"。

三、读写分家，缺少迁移

当看到学生面对作文题目冥思苦想，为了完成写作任务而翻找作文选时，笔者常常陷入思考：为什么学生意识不到课本中就存在着优秀的范文？其实是因为教师在授课时就缺乏这种引导。教师在讲授课文时只是为了让学生识字、读懂课文内容，忽视写法的指导与剖析，学生自然就不会想到课文与作文存在联系。单纯地进行阅读教学，独立地进行作文教学，是当前语文教学走入的误区之一。其实语文教材在编写时，文章的选定，就连顺序都是经过编者深思熟虑的。这些课文不但从内容上引导学生积极向上，在文章结构与写作方法上更能为学生的写作起到示范作用。我们应该知道，阅读他人的优秀文章，学习其写作方法，能让自己的文章更好地表达情感，更加成熟完善。

四、标准化，缺少个性

在指导学生作文时，教师还容易走入"统一作文写作样式"的误区。例如：只要是写作文必须写成三个自然段，开头一定要交代……类似这样的要求，把学生的思维固定在一个"框"中。这在作文起步的阶段是有必要的，因为此时孩子们还不会写，为了让他们将口头语言转化为书面语言，提一些样式作为辅助是可以的。甚至在这一个阶段，教师可给出写作提纲来降低写作难度，用填空的方式让孩子们来写。但到了高年级，学生已经掌握了必要的写作技巧，教师应适当放手，鼓励学生敢于突破，写出有个性的，与众不同的文章。

五、重写作指导，忽视作文讲评

有很多教师觉得自己的作文指导课上得很成功，可看到学生写出来的作文时，总感觉不尽如人意。前一次作文中出现的问题，再一次还会出现。这是为什么呢？其实，根源就在前一次作文完成之后，教师没有进行细致的点评。学生没有从前一次写作中积累经验，不知道自己的作文存在问题，又谈何解决？于是这一次相同的问题又重新出现了。还有的老师认为多写就能培养学生的写作能力，于是布置了一大堆"日记""周记""读书笔记""读书摘抄"等。由于习作数量过多，教师自然没有时间细看，更无法逐一进行指导，久而久之，学生就能窥探出其中的奥妙，原来老师是不看这些文字的。于是学生开始应付差事，东抄一些，西凑一点。正因如此，有经验的老教师，通常会把作文的点评放在重要的位置，甚至高于作文指导。还有的老师，每一次的作文课都会选取几篇具有共性问题的作文进行精心的讲评，在此基础上还会选择一部分的学生进行面批面改，这是非常必要的，因为这是学生写作水平提高的最快方法。

第三节　作文教学的培养目标

为了更好地进行习作指导，我们首先要明确《小学语文课程标准》对作文教学的要求：

一、二年级（写话）

1. 对写话有兴趣，留心周围事物，写自己想说的话，写想象中的事物。

2. 在写话中乐于运用在阅读和生活中学到的词语。

3. 根据表达的需要，学习使用逗号、句号、问号、感叹号。

三、四年级（习作）

1. 乐于书面表达，增强习作的自信心。愿意与他人分享习作的快乐。

2. 观察周围世界，能不拘形式地写下自己的见闻、感受和想象，注意把自己觉得新奇有趣或印象最深、最受感动的内容写清楚。

3. 能用简短的书信、便条进行交流。

4. 尝试在习作中运用自己平时积累的语言材料，特别是有新鲜感的词句。

5. 学习修改习作中有明显错误的词句。根据表达的需要，正确使用冒号、引号等标点符号。

6. 课内习作每学年 16 次左右。

五、六年级（习作）

1. 懂得写作是为了自我表达和与人交流。

2. 养成留心观察周围事物的习惯，有意识地丰富自己的见闻，珍视个人的独特感受，积累习作素材。

3. 能写简单的纪实作文和想象作文，内容具体，感情真实。能根据内容表达的需要，分段表述。学写读书笔记，学写常见应用文。

4. 修改自己的习作，并主动与他人交换修改，做到语句通顺，行款正确，书写规范、整洁。根据表达需要，正确使用常用的标点符号。

5. 习作要有一定速度。课内习作每学年 16 次左右。

纵观"新课改"下的小学作文教学目标，进行梳理，我们会发现，现在从低年级的"乐于表达"，中年级的"自由表达"到高年级的"学会表达"与过去的"低年级词句训练，中年级的训练，高年级篇章训练"存在本质区别。新课程理念下把写作定义为"表达"，而"表达"是将思维所得的成果用语言、语音、语调、表情、动作等方式反映出来的一种行为。表达以交际、传播为目的，以物、事、情、理为内容，以语言为工具，以听者、读者为接收对象，这意味着作文教学要走进生活，更加关注现实，珍惜学生独特的感受和体验，注重发挥学生的想象力和创造力，要求学生能自由地表达真情实感。这就说明作文教学已经由过去的语言训练转化为综合性的训练。那么如何在一线教学中落实这些目标呢？小学习作教学到底应该怎么教呢？本书汇集了十位名师的教学实录，从实践出发，分低、中、高三个年段，从不同类别的作文指导入手，精心设计，希望能为大家带来一点帮助。

第 二 章

低年级写话教学的设计方法

《小学语文课程标准》针对低年级写话提出的教学目标是"对写话有兴趣，留心周围事物，写自己想说的话，写想象中的事物。在写话中乐于运用阅读和生活中学到的词语"。要想让低年级学生喜欢写话，首先就要降低写话难度，然后根据人类成长规律，进行"听、说、读、写"的训练。从形式上分，"听"和"读"属于输入，"说"和"写"属于输出。"输入"较"输出"更容易。孩子一出生便学会了"听"。一两年之后，学会"说"简单的音节。没有"听"作为基础的孩子，无法学会"说"。"读"则是学习书面语言、多样的语言表达形式，积累丰富词汇。"写"是书面语言，又与"说"有着共同之处，都是表达。但"说"比"写"要容易些。所以在进行写作指导初期，要严格按照从"说"到"写"的顺序，由易到难，由简到繁，逐步提高要求。这也是提高学生写作水平的关键之处。另外，低年级学生的口语交际能力，直接影响着他们日后的写作。口语表达是写作的基础，写作训练又为口语表达提供方法和技巧，二者并驾齐驱，相互补充。因此，在低年段教学中，教师要着力培养学生的口语交际能力，指导学生"敢说""会说"。从而在"会说"的基础上，达到"会写"。那么如何针对低年级的学生进行口语交际训练呢？

第一节 口语表达的训练方法

"口语交际"是由说、听双方共同进行的一种交际形式，在特定环境里产生的言语活动，不同于听话、说话。"新课标"对口语交际提出的总目标是，具有日常口语交际的基本能力，学会倾听、表达与交流，初步学会运用口头语言文明地进行人际沟通和社会交往。

针对低年段的口语交际提出的目标是：

1. 学说普通话，逐步养成讲普通话的习惯。

2. 能认真听别人讲话，努力了解讲话的主要内容。

3. 听故事、看音像作品，能复述大意和自己感兴趣的情节。

4. 能较完整地讲述小故事，能简要讲述自己感兴趣的见闻。

5. 与别人交谈，态度自然大方，有礼貌。

6. 有表达的自信心。积极参加讨论，敢于发表自己的意见。

通过分析这些培养目标，我们可以明确看出口语交际教学的核心任务是让学生"具有日常口语交际的基本能力"。"日常能力"，指学生在生活、学习中能运用到的口语交际能力。"基本能力"，则是指倾听、应对、表达、交流等口语交际能力。低年段处于口语交际教学的"启蒙"阶段，因此要注重突出基础性，做好全方位的起步训练。

一、创设情境，让学生想说

低年级的学生，刚刚接触学校，大部分都存在着对校园环境的陌生情绪。这时的他们"胆子小，不敢说"。针对这一特点，部编版小学语文教材安排了第一次口语交际课《我说你做》。这是带有游戏场景的训练。在教学时，教师要创设一个游戏的情景，通过参与游戏，让学生产生初步的口语交际对象意识。在游戏中，一方面锻炼学生敢大胆发出指令；另一方面要教会学生注意倾听他人指令，并按照指令做出正确的反应。《我们做朋友》的口语交际教学，不是以往"自我介绍""认识新同学的"的常规设计，而是举办一场"交友会"。让学生看着对方的眼睛，勇敢地介绍自己，最好借此机会交到几个好朋友。另外教材中的《用多大声音说话》也给出了三幅图画，分别是"在图书馆里与人交谈""到办公室向老师报告事情""在教室里给大家讲故事"。这三个情境，都来自学生的真实生活，便于学生理解和学习控制讲话音量，具有现实的指导意义。教学时教师还可采用制作 PPT 的方式，把学生带入更多的场景之中，使其了解基本交际规则，初步建立"场合意识"，培养良好的交际习惯。

　　情境创设不仅是虚拟真实的情境，还可以是"角色扮演"。例如在教学《黄山奇石》时，可采用让学生当"小导游"的方式。教师先将学生分成小组，每组设置一名导游，其他同学则扮演"游客"。老师发给每名"导游"一面小旗子，随着汽车的鸣笛声，黄山的旅游正式开始。每组的"导游"可以先介绍书中描写的黄山奇石，然后描述自己想象中的黄山奇石。"导游"由组内同学轮流担任，"游客"进行提问、补充。在小组充分练习的基础上，通过电脑"随机抽取"一组走上讲台来进行演示，其他同学为他们的交流进行点评。在点评的过程中不断梳理出本次口语交际的表达要点：1. 讲述要清楚、完整；2. 为了让讲述更加形象生动，可以运用比喻的方法；3. 想象可以大胆些，生活中的不少事物都可以在黄山奇石中找到影子。点评过后，再进行小组练习。教师可这样利用情境创设的方式，让学生逐渐放松，从而激发学生"想说"的欲望，当然这也是"会说"的基础。

二、通过活动，让学生乐说

兴趣是最好的老师，要想让孩子喜欢表达，就要让他们品尝到口语交际所带来的乐趣。《听故事，讲故事》就是一次好机会，教师可借此召开一次故事会。在老师做示范，讲故事的基础上，让孩子们根据图画讲一讲"老鼠嫁女"的故事。讲完后生生互评，判断谁讲的故事更有趣。这样不但可以培养他们借助图片复述故事的能力，而且能帮助他们养成注意倾听的好习惯。通过《一起做游戏》的活动，让学生们意识到，要想清楚地表达自己的想法，说话时就要注重先后顺序，按照步骤说清楚游戏的规则。在执教部编版二年级上册的口语交际《做手工》时，首先同美术老师一起组织学生进行手工制作，运用剪、贴、画、粘、折等方式每人设计制作出一件手工作品。在美术老师的指导和帮助下，学生很快做出了心仪的作品。此时再由语文老师进行引导，开一次手工作品展览会。让孩子们回忆并介绍制作过程，注意用上"先……再……然后……"等关联词语。教师根据学生表现评选出"最佳手工奖""最佳创意奖""最佳制作奖""最佳介绍奖"等奖项。这样不但能激发学生对手工制作的热爱，更因亲身参与，而乐于交流。

三、结合生活，让学生会说

部编版语文教材的口语交际课设计贴近学生的生活实际，《请你帮个忙》《打电话》都是学生在生活中能遇到的情境。在执教《请你帮个忙》这节课时，教师不妨进行这样的设计导入：

1. 老师走进教室，故作惊讶地说："呀，不好，班级里的粉笔没了，哪位同学能帮老师一个忙，去办公室取粉笔呢？"（若干名学生举手）

2. 老师揭示课题"请你帮个忙"。其实，在生活中，我们经常会需要

别人的帮助。回忆一下，你都遇到过什么情况需要他人帮助呢？（学生举手说）

3. 那么，如何才能更好地得到别人的帮助呢？今天，我们就一起来聊聊这个话题：请你帮个忙。

教师在导入时，故意设计"没有粉笔"这一情节，让学生感受到，生活中离不开互帮互助。紧接着教师出示书中的三幅画面，让学生观察图画"途中的小朋友遇到了什么困难，需要什么帮助"，然后随机选取一幅图画，师生共同模拟演练。通过演练，总结出交流要点：语言表达要清楚，态度要真诚，注意运用礼貌用语。此时教师出示要求：（1）同桌之间相互合作，选择一幅图进行练习；（2）在练习的过程中可以互换角色；（3）注意交际中语言表达清楚，态度真诚，运用礼貌用语。让学生两人一组按照要求进行练习。练习时，教师深入学生当中，发现并收集共性问题，待小组交流后进行集中指导。

当学生对书中出示的三种情境都掌握之后，教师可增加难度，回到上课之初的问题："老师请同学帮忙时，该怎么说呢？"以此为例，让学生感受到不同角色在请求他人帮助时，称谓使用的不同，但一定使用礼貌用语。不管别人是否帮助你，你都要说声"谢谢"。还可以再次进行小组交流："课前同学们纷纷说了自己在什么时候需要别人的帮助。下面可以再次尝试请求他人的帮助，注意使用恰当的称谓和礼貌用语。"交流后选择几组上台演示，其他同学认真倾听、评价。通过这样一系列活动，模拟生活中的实际情况，让学生通过"演一演，说一说，评一评"感悟这次交流的方法，从而由"敢说"达到"会说"。

四、开展实践，让学生勤说

想要提升学生的口语表达能力，光靠课堂上的几次口语交际课是远远不够的。教师要结合学生的实际开展丰富多彩的社会实践活动，创造更多的机会让他们勤加练习。家长会前可以布置作业展，让学生充当讲解员；寒暑假，可以布置特色作业；假期出行时，用手机拍摄短片，自己充当小导游，介绍沿途的风光；"五一"时，可以让孩子们介绍身边的春光；"十一"时则拍摄丰收的情景和身边的秋色。除此之外，实践方式还有很多。利用互联网，设立直播间，让学生担任小主播，就一个话题展开讨论，全国各地的小朋友均可参加。例如寒假期间"王子微课"就在沪江网上开展了"网络小讲师活动"，全国有将近一万名的孩子参与其中。网络课程丰富多彩，有关传统文化的"我们家的春节"，有关阅读的"好书分享会"，有关数学的"巧解数独"，有关科学启蒙的"我和微生物有个约会"，这些直播活动都是由学生策划完成的。在直播中，学生是主持人、参与者，进行主讲、提问。孩子们通过这样的口语交流活动，将基本掌握交流的技巧，在增长知识的同时，锻炼自我表达。这样的活动尽可能多开展，学生只有通过不断去说，才能有效地学会表达。为达到每次活动的顺利开展，指导教师都要进行精心的策划。以"我们家的春节"为例，首先第一步，教师在活动前要制作好指导微课。引导学生从"春节习俗""年夜饭""春节传说"三个方面搜集内容。鼓励学生运用 PPT、手机录制视频、拍照等方式呈现出自己的作品。有能力的同学还可以制作微电影，将视频进行剪辑，变成属于自己的"春节"短片。第二步，约定播出时间，进行网上预告的发布。第三步，为了让更多的学生参与，形成一个网络社交团体，教师还要负责在微信朋友圈和微信、QQ 群进行微推，让更多的学生和老师参与进来。第四步，在直播当天辅助孩子们提前调试好电脑，鼓励他们大胆面对镜头讲述。同时在孩子们直播的过程中，教师应密切关注，以便随时应对突发状况。第四步，直播结束时，还要对参与者给予点评，搜集整理直播相关的资料进行保存。可以说每一次的网络直播，看得见的是孩子们的精彩发言，看不见的是老师在背后的默默付出。值得骄傲的是，学生们的进步是十分明显的。通过一个假期，凡是积极参与的学生，在口语表达上都有了明显的进步。类似这样的活动网络上还有很多，教师要抓住每一次机会，和孩子们一起精心策划、准备。这些看上去与语文学习无关的活动，却能让学生意识到语言学习的重要性。从而激发他们学习和运用语言文字的兴趣，促进口语表达能力的提高。

第二节　写话课的教学方法

《小学语文课程标准》要求低年级学生"对写话有兴趣，写自己想说的话，写想象中的事物，写出自己对周围事物的认识和感想"。因此，低年级写作应放低对写的要求，努力贴近学生生活实际，让孩子们"敢写、乐写"是写话教学的重要任务。

一、充分利用教材，从仿写入手

皮亚杰曾说："对于孩子来说，从他一来到这个世界上的一举一动无不都是以模仿为基础，正是这种模仿构成日后形成思维的准备。"孩子们在学习语言的过程中也不例外，从模仿大人说话到模仿他人习作皆是如此。我们的语文教材就是供孩子们模仿的好素材。在执教《找春天》时，可让学生仿写4—7自然段。这几个自然段在构段方式上相同，前半句是作者看到的，后半句是作者的想象。正适合学生进行仿照练习。为了降低写话难度，可以先让学生进行填空练习：

小树发芽了，那是春天的_____吧？

小河融化了，那是春天的_____吧？

　　然后加大难度，不显示提示语，让学生仿照去"说"。在充分"说"的基础上，再进行写作。这是在一年级进行句子仿写训练的基础上，进行段落的仿写。在执教《千人糕》时，可以开展篇章的仿写。《千人糕》文章构思清晰，语言朴实，用对话的方式展现了"米糕"的制作方法。在仿写前，教师要带领学生研读全文，将文章分析透彻。《千人糕》的主旨是告诉我们平常生活中的常见物品，都是经过很多人的劳动才制造出来，由此可以发现我们身边还有"千人笔""千人纸""千人衣"……有了描写方向，就适时引导学生上网查找资料，找到这些常见物品的制作过程，然后根据文章的描写方式，进行写作，这样难度就降低了。只有找到例文的闪光点，分析出文章的本质，写出来的文章才有灵魂，才能引起他人的共鸣。教材中像这样利于学生仿写的课文还有很多，学习了《端午粽》可以写写其他的食物，例如"饺子"；学习了《枫树上的喜鹊》可以仿写"池塘里的青蛙""大树下的蚂蚁"。仿写让学生产生积累素材的意识，将平时学习的课文和习作建立起联系，这将是学生习作的一个崭新的起点。在进行仿写教学时，可以遵循这样的步骤：

　　1. 精心选择例文。选择那些构段清晰，文本中存在优美的句子、片段或篇章，内容由易到难的文章作为例文。

　　2. 分析研读例文。找出例文的精彩之处加以分析，在分析中明确写法的妙处，感悟表达的情感，进行一一标注。

　　3. 先扶再放。教师可出示填空题，降低难度，让学生先进行统一的填空式仿写练习，然后进行个性化的仿写。

　　4. 边写边指导。在学生写作时，教师要深入学生之中进行巡视，发现问题及时讲解。要注意纠正生搬硬套式的仿写，引导学生注意仿写顺序、仿写方法，仿文章结构，仿作者的遣词造句……灵活运用，达到学以致用的效果。

5. 用点评促创新。仿写后的点评至关重要，在点评时教师不但要对学生仿写的成果给予肯定，还要善于发现学生的与众不同之处，予以鼓励。引导学生在叙述方式、表现手法、命题等方面进行大胆创新。

合理地指导学生进行仿写，不仅能让学生感到写作难度降低，而且学生看到自己也能写出一篇文章时，成就感会油然而生，这样无疑就增强了他们的自信心。仿写也让学生更加喜欢平时学习的课文，将阅读和写作联系得更紧密。学到好的词句、篇章时，他们开始自觉地摘录起来。当这些词句能够用到他们自主写作的文章时，他们会觉得是件多么值得骄傲的事，写作在此时也会平添几分乐趣。

二、学会观察，为写作积累素材

什么是观察？所谓观察，是一种有目的、有计划、比较持久的知觉活动。学生写作难，大多源自于没有东西可写。有人说这是由于课业负担重，他们没有时间去参与其他活动，因此缺少生活经历；还有人认为，出于安全的考虑，孩子们很少走出校门观察，自然没有东西可写。但实际上孩子们每天都生活得丰富多彩。他们在上学、放学路上有很多见闻，在课间会和伙伴们做游戏；在吃饭时会和朋友分享食物；在交往中有欢笑、有苦恼、有矛盾；有自己喜欢的玩具、动画片；有自己的偶像、梦想……孩子们的世界是那样精彩，为什么到了写作时却无从写起，头脑空空呢？这是因为他们虽经历但不曾留心，看过却无细致观察，于是成为"背靠粮仓，却无米下锅"的巧妇。所以教师应指导学生学会观察，这是低年级习作指导的关键。

1. 按照一定顺序观察

孩子的天性是好奇的，他们对周围的事物有着浓厚的兴趣。但他们往往只被事物的某一方面所吸引，不会按照顺序细致地观察。所以教师要做的第一个训练就是培养学生按一定顺序去观察事物。最好的方法就是用"实物固定法"，可以是一件工艺品，也可以是一张照片。例如在执教《小动物》这课时，就可以出示一张小猫的图片，指导学生按照从头到脚的顺序进行观察；再如执教写景类的作文时，可以出示校园一角的图片，让学生决定从哪里开始进行观察。通过研究，学生就能梳理出常用的几种观察顺序：从上到下，从左到右，从远到近，从中间到四周。在每次作文指导时，教师可先向学生发问："本次习作我们要按什么顺序进行观察呢？"经过这样的反复练习，学生就形成了按顺序观察的意识，从而迈出了学会观察的第一步。

2. 抓住细节进行观察

观察不但是用眼睛去看，还要做到远"观"近"察"。这个"察"不但要按一定顺序去看，还要细致地去看。人们经常用照相机拍下美好的瞬间，其实写作何尝不是另一种形式的照相呢？只不过将文字代替胶片，保留精彩瞬间。所以只有引导学生关注细节，他们才会用文字将其记录下来。"定向观察法"就是一种训练学生细心观察的好方法。教师可先采用利于固定的实物，让学生观察的方式，比如一个苹果，先让学生采用接龙的方式说一说它的样子。从外形到颜色再到纹路、各部分细节。为了能完成接龙游戏，学生会绞尽脑汁，越说越细致。然后再用这种方法说出苹果的味道、功效等。有了固定实物练习的基础后，再带领学生观察人物的动作。老师先做动作，然后采用加一加的方式，比如"拿起一本书看"，让学生逐步添加细节。最后形成这样一段文字"老师走近桌前，抬起右手轻轻地拿起一本语文书，慢慢地翻看起来。他时而皱皱眉，时而浮现一丝微笑，看得是那样投入而又认真。"这个过程让学生意识到，作文之所以无话可写，是因为忽视了对很多细节的观察和描写。有了这样的训练，学生就会逐渐养成事事留心、时时注意、细心观察的好习惯。

3. 调动多种感官进行观察

"观察"是知觉的活动。不仅是看，还是听、闻、触、想等调动多种感官的协调活动。所以在引导学生进行观察时，不应该只是看。例如在观察水果时，就可以在让学生看外观的同时，闻一闻它的味道，尝一尝它的滋味，说一说吃到后的感受，又联想到了什么。只有这样的观察才是立体的，学生在充分感受后才能印象深刻，写出鲜活的文字。很多作家在写作之前往往都会深入生活，体验描写对象的生活场景。这种体验生活，就是为了调动多种感官进行亲身感受，很多被称为经典的作品就是这样写出来的。有了亲身参与，有了情感互动，才有表达的欲望。这些都会让笔下的文字更加丰满，让内容和生活联系得更加紧密。

三、利用讲评，为写话做加法

学生在一开始进行写话时，往往只会写一两句。还会出现错误百出，错别字、缺少标点或是语句不通等现象。即便勉强通顺，读起来也像说明书，毫无趣味可言。这些问题都可以通过写话点评课来解决。低年级的写话点评课可以从以下几个方面入手：

1. 加一加，让作文变得更长

通过填空练习的方法，引导学生为自己写的片段添加状态描写的形容词，对人物的语言、活动、心理等细节进行描写。这一步骤还可以引导学生更加细致地进行观察。应当注意的是，此环节不提倡学生重新写作，而是要运用"添加号"在原文上进行修改，这也为高年级的修改作文打下良好的基础。

2. 改一改，让作文一波三折

部编版小学语文教材，有很多自命题写话，这时为自己的习作起一个引人注目的名字就很重要。同样是写"我最喜欢的玩具"这个习作，《我的汽车朋友》和《我的小汽车》相比，前者就会更吸引读者，也赋予了玩具人性，使内容更有情感。同样是写"我的同学"，相比一开头就介绍同学的姓名，不如一开始不出示人物的姓名，先说他的外貌特点、爱好，然后让大家猜一猜自己描写的是谁，更吸引人。再如写一件事，事情经过如果十分顺利，文章也就失去了可读性，这时我们不如设置悬疑、困难，让自己的文章惊心动魄起来。这对于低年级的孩子来说虽然有一定难度，但只要持之以恒，重视训练，还是能够达到的。

3. 读一读，让问题浮出水面

低年段孩子在写作时，还有一个最常见的问题是，自己不会为自己的文章加标点，也很难发现语句不通顺、叙述不清楚的地方。这是因为他们还没有掌握语言的技巧，缺乏语感，而训练语感的最好方法就是朗读。因此，让孩子朗读自己的习作是修改作文的最佳方法。在朗读时，需要停顿，渐渐地孩子们就知道如何使用标点了。学生在准备当众朗读的过程中要反复练习，这就很容易发现错别字、语句不通顺、描述不清楚等问题。当众朗读后，还可以让其他同学提出建议，这利于发现其他有问题的地方。而在听别人的作品时，还能借鉴优点，发现自己的不足，为下一步的修改做好准备。可以说，大声朗读，是低年段写话讲评的一记妙招。

加一加，改一改，读一读，走好这三步，不但能让本次作文有个飞跃，还能为下一次的写作奠定基础。

教学实录

二年级上册第三单元《我最喜爱的玩具》教学实录

长春市南关区回族小学校　　陈岩

◇ 课程说明

《新课程标准》指出："写作教学应贴近学生实际，让学生易于动笔，乐于表达，应引导学生关注现实，热爱生活，积极向上，表达真情实感。"于是，我把习作的"难点"和"兴趣"相结合，创设交际情境，现场拿来玩具便于学生从各个角度反反复复地仔细观察，解决没啥可写，无话可写的问题。让学生在情境中交际，引导学生领悟观察方法，使学生在观察中更加深刻地感受到"有顺序"的重要性。通过定向阅读，让学生领悟写话的方法；在"说"的基础上，侧重指导学生注意书面表达形式，帮助学生养成良好的写作习惯，采用扶放结合的方法，进一步培养学生学写话的能力；培养学生独立构思和认真修改习作的良好习惯。

希望通过这样的训练能够为学生的习作打下扎实的基础。

◇ **教学设计**

我最喜爱的玩具

【教学目标】

1. 初步学会观察物体的方法。

2. 初步学会口述自己喜欢的玩具。

3. 能写几句话，写出玩具的特点。

4. 学会按先总起后分述的方法写话。

【教学重点】

学会口述自己喜欢的玩具，能写出玩具的特点。

【教学难点】

学会按先总起后分述的方法写话。

【课时安排】

1课时。

【教学准备】

教学课件、玩具、范文。

【教学过程】

一、玩具导入，激情激趣（建议5分钟）

1. 展示玩具

老师小时候也特别喜欢玩一些玩具。看，我把它们都带来了（出示一些旧玩具，有买的，也有自制的，并取出最喜欢的玩具），出示课题，（用热情的语调）说："同学们，你们带来什么玩具？把它们请出来，在全体同学面前亮一亮相吧！来，给同学们介绍一下，这是什么？"

2. 明确学习要求

①有条理地仔细观察自己的玩具；

②先用一句话总的说一说你的玩具是怎样的（可爱，有趣，漂亮等）；然后试着围绕第一句把意思说具体。

【设计意图：精巧可爱的玩具加上教师富有激情的话语，营造了轻松愉快的学习氛围，很好地激发了学生说话的欲望。】

二、指导积累，范文引路（建议 10 分钟）

听了同学们的介绍，老师也忍不住想向大家介绍一下我的这个玩具了。

1. 老师给同学们介绍一个毛绒玩具（课件出示范文）

可爱的小老虎

我有一只可爱的毛绒小老虎，它是妈妈送给我的生日礼物。

小老虎长着一对三角形的耳朵，高高地竖着，似乎在听四面八方的动静。它有一双闪闪发光的眼睛，就像一对宝石在闪烁。头上有一个"王"字，像是告诉所有人它才是森林之王。小老虎黄色的绒毛上有着黑色的斑纹，前胸和腹部是米白色的绒毛，身后还有一条长长的尾巴，趴在那里特别逼真。整个身子摸上去软绵绵的，真舒服。

这就是我最喜爱的小老虎！你喜欢它吗？

（1）说说这段话写了一件什么玩具。

（2）这段话是围绕哪一句话写的？

（3）短文主要从哪几个方面写这件玩具的？板书：来历、样子、感受。

2. 小明同学带来了一只小熊（课件出示范文）

我的玩具小熊

我有许多玩具，如小汽车、小人、小熊等，但是我最喜欢的玩具还是小熊。这只小熊穿着红色的背带裤，上面有白色的斑点。里面还穿着黑白相间的条纹式背心。圆圆的耳朵，水灵灵的小眼睛，粗壮的四肢，样子可爱极了！

我与这只玩具小熊整天形影不离，我吃饭的时候，它在饭桌上陪伴着我；我睡觉的时候，它在被窝里陪伴着我；就连我上卫生间时，它也陪着我。我们全家都非常喜欢它，我希望它能一直陪着我，于是我就给这只小熊起名为"培培"。

我喜欢我的玩具小熊"培培"。

【设计意图：营造既贴近生活又极其真实的教学情境，激发学生的兴趣，诱导学生参与，以范文为跳板，放开思维写出各具特色的习作。】

三、感受实物，自由练说（建议 10 分钟）

1. 同学们各自也都带来了自己喜爱的玩具，现在就把你的玩具介绍给大家，和大家一起分享吧。

2. 指名说。引导学生进行观察，能从名称、样子、玩法有条理地介绍自己的玩具。

3. 用"我的（　　）真（　　）"的句式开头。

4. 指名介绍自己的玩具。同桌互说，指名上台说。

5. 指名评价其他人介绍的玩具具体是从哪些方面讲的。

【设计意图】：运用句式训练学生说话的条理性，引导学生观察、抓住特点，使说话训练由浅入深，由易到难，练习说话，发挥学生的主体作用，实现口语交际的双向互动。】

四、指导写话，表达真情（建议 13 分钟）

1. 同学们刚才都介绍了自己的玩具，那你能不能写下来呢？先用一句话概括你的玩具是怎样的，然后分几个部分具体分述。（如颜色、模样、玩法）。

2. 老师给大家带来了宝贵的礼物，看看是什么呢？送给大家一些好词，看你能不能用上。

二字词：

生动、精巧、小巧、可爱、逼真、鲜艳、漂亮、柔软、洁白、神气。

三字词：

胖乎乎、毛茸茸、圆滚滚、水灵灵、红扑扑。

四字词：

姿态迷人、洁白无瑕、朝夕相处、回味无穷、五彩缤纷、变化多端、爱不释手、闪闪发光、炯炯有神、小巧玲珑、一尘不染、振翅欲飞、造型生动。

【设计意图】：写话伊始，提供习作素材，实现"低门槛，高兴趣"。】

五、习作评价，分享快乐（建议 2 分钟）

1. 同学们谁愿意把你写好的话和大家分享一下呢？

2. 指名说自己的习作，投影。

3. 对照要求评议：第一句是否总的写出了玩具的可爱（有趣、漂亮等）？后面几句话写了玩具的哪些方面？有没有把总起句的意思写具体？有没有与总起句无关的话？语句是否通顺？可以怎么帮助他修改？

4. 总结：这节课我们写了自己喜爱的玩具，请同学们课后再次修改自己的习作。

六、作业设计

1. 修改习作。

2. 画一画自己最喜欢的玩具。

◇ 教学反思

一、想方设法，激发兴趣

兴趣的力量是无穷的。李铁军老师说过："作文教学中的一切活动都要从激发学生兴趣和培植习作的自信心入手。"学生一旦有了兴趣，就会乐在其中。一些学生一提起习作就发愁，产生畏难的情绪。因而调动学生习作的积极性，激发学生习作的兴趣非常重要。所以，必须注意调动学生的兴趣，活跃课堂气氛。这堂课，我从两个方面来激发学生的写作兴趣：

1. 借助多媒体，激发学生学习兴趣

这次习作是学生乐于交流，也比较感兴趣的话题。我力求以学生为主体，充分借助多媒体手段，为学生创设一个轻松愉悦的习作空间。

2. 从写作内容上激发兴趣

每个孩子都喜欢玩具，因此，我以《我最喜欢的玩具》为题。通过现场观察自己的玩具，学生的兴趣一下子被激发起来。学生选择的都是自己最喜欢的玩具，写作内容为学生所喜爱，课堂气氛一下子就被调动起来。

学生产生了浓浓的兴趣，这对于教师的写作指导是十分有利的。

二、仔细观察，提高表达能力

《小学语文课程标准》提出：养成观察周围事物的习惯，有意识地丰富自己的见闻，珍视个人的独特感受，积累习作素材。认真观察是习作的基础。观察能力的提高，能体现出一个人作文能力的高低。在我们日常生活中，一切事物都在变化，只有认真观察，才能抓住事物特点，把事物写具体、生动。针对儿童的特点，我要求学生观察要有顺序。课堂上，让学生拿出自己的玩具仔细观察。再分小组介绍给自己的同学。接着课件出示要求：抓住玩具的特点从整体到部分，从头部到尾部……对玩具做全面了解，用眼看，用手摸，用脑记住这些感受。围绕玩具的外形、颜色、整体、最主要特点这四个方面展开观察。看着自己的玩具，学生很容易说出玩具的外形。这样，层层推进地引导学生按顺序观察玩具，培养学生观察事物的能力。

三、充分利用范文，指导写法

作文指导不能忽视习作形式上的模仿。张志松先生说："不仅初入学的孩子爱模仿，中学生、大学生，以至早年离开学校的成年人，也在有意无意之间模仿自己认为好的事物。"抛弃"规矩"，越过起点和基础，急功近利地追求"个性"，放手"创造"，与揠苗助长何异？书画如此，作文亦然。所以，我精心选择了几篇范文，用大屏幕展示出来，让学生们阅读一遍，然后总结范文里面的习作方法、习作结构、用词等。学生的思路一下打开了，我顺势引导学生简单列出提纲。大致分为四个大段，这样，他们就知道如何动笔写出自己的玩具了，如何把自己的玩具写得具体生动了，收到了良好的效果。

虽然这节课在我预期中比较顺利地完成了教学目标，但我感觉还是有不足之处：在让学生交流的过程中给予交流的时间太少，对学生的分小组交流分工不够细致，学生交流时没有顺序，所以导致汇报的学生不够积极。另外，对学生的汇报结果指导不到位。没有引导学生如何具体、生动地介绍自己的玩具。

在以后的教学实践中，我将不断努力改进教学方法，力争从多方面引导孩子们在习作中说真话、抒真情。

◆◆ 专家评课

长春市宽城区教师进修学校　王娟

《我最喜爱的玩具》是部编版小学语文二年级上册第三单元的一篇写话。写话的内容紧贴学生的生活实际，是学生喜欢表达的话题。针对二年级学生年龄特点和学情特点，教师在教学中应当力求调动学生的写话兴趣，对学生写话的过程给予适时的指导，引导学生学习运用合适的语言写自己想说的话，把自己的意思表达准确、完整。

陈老师的这节课，在目标的确立、环节的设计、方法的选择等方面，都充分地考虑了学生的学习基础，关注了学生语言运用能力的渐进提升。

一、目标确立有梯度

对于低年级的孩子来说，有顺序地观察一种事物，并且能够清楚明白地表达自己想说的内容，是语言训练的重点，也是难点，在此基础之上，如果能够做到围绕中心句把要描述的事物写清楚，更是难点中的难点。陈老师在教学目标的设计上充分地考虑了学生的学习基础，设置了阶梯式的教学目标：从"初步学会观察物体的方法"到"初步学会口述自己喜欢的玩具"，这是为写作铺垫的基础性教学目标，紧接着陈老师还设计了"能写几句话，写出玩具的特点""学会按先总起后分述的方法写话"，这是在前面基础目标达成基础上的进阶目标。"写出玩具的特点""按先总述后分述的方法写话"这是两个更高层次的目标，对学生的语言运用能力是一种挑战。教学目标的确立是教学活动的方向，四个教学目标既有学生跳跳就能摘得到的桃子，也有个别学生通过训练与指导才能够达到的挑战性目标，目标确立体现层次性。梯度目标的确立，让学生通过课堂学习都能够获得不同程度的生长。

二、写话指导有范例

写话训练需要范例的引领。很多能力都是在模仿中开始起步的。教学过程中教师的下水文是学生最直接模仿的范例。本节课中，当学生开始对介绍自己喜欢的玩具感兴趣的时候，教师出示自己介绍玩具的范文，引导学生从范文中发现"这段话写了一件什么玩具""这段话围绕哪一句写的""短文主要从哪几个方面写这件玩具的"，范文的解析对学生写话来说就是最直观的指导。

三、语言表达有素材

"新课标"指出：语文学科教学要增加学生的语言积累。而我认为增加学生语言积累的同时，还要想方设法提高学生所积累的语言的流量，让这些语言在学生的语言实践中运用起来，只有具有一定流量的词语，才能真正内化为学生自己的语言。针对低年级学生的年龄特点，教师在写话之初提供给学生大量的不同类别的词语，供学生在写话的过程中加以运用，从而帮助学生更加准确、具体地表达。这对于低年的学生来说是有必要的。

教学建议：教学资源宁缺毋滥。在有限的四十分钟里，教师应该将最经典的内容，最适切的资源提供给学生，以求极大地提高学生的学习效率，避免一些非精华的内容混淆学生的视听，导致学生学习抓不住重点。本节课中提供给学生的范文可以从两篇缩减为一篇，把教师的下水文提供给学生，让学生精读、精仿，充分发挥范文的指导作用，从一篇中吸取方法，就可以把更多的学习时间、训练时间还给学生。让学生在语文课堂获取更多语言实践的机会，并在大量的语言实践中提升语文素养。

第三节　看图编故事的指导方法

看图写话是小学低年级写话的起步训练，是培养刚刚进入小学阶段学习孩子的认识能力、形象思维能力、想象能力和表达能力的良好途径。而看图编故事是在看图写话的基础上进行的提升训练，是一个集观察、想象、创造、语言表达于一体的过程。看图编故事可以说是作文的基本功，不是一朝一夕所能练就的，也不是一两堂课就能形成的。它的形成要有一定的过程，要靠长期地积累。

一、从单幅图入手，培养学生的观察能力

看图编故事，顾名思义就是要先用眼睛去看图，再运用看到的图画编故事。看是基础，但对于刚刚入学的孩子来说，他们喜欢看图，但不会看图。他们对周围的一切都充满好奇心，尤其喜欢看一些色彩斑斓的图画。但此时的观察是无目的、无顺序的，往往会忽略一些细节。因此，教师首先要引导学生掌握看图的方法。单幅图的内容相对简单，正适合起步阶段的训练。因此看图编故事的训练要从观察单幅图开始，部编版小学语文教材正是遵循这一规律去设计的。二年级上册安排的第一次看图写话"猫和老鼠"就是一张单幅图。那么如何引导学生学会"看图"呢？我们不妨这样做：

1. 有序观察

观察单幅图，最重要的是掌握观察的顺序。教师不妨这样指导：首

先，用问题引路，让学生了解图上有谁，画的是什么地方，什么时间，图上的人物在干什么或怎么样。其次，引导学生按顺序进行观察。可以从整体到局部，感知图画的内容。还可以按照方位顺序，从左到右，从右到左，从上到下，从下到上，从中间到四周，从四周到中间的顺序进行观察。对于低年级的孩子来说，如果观察得没顺序，说得也就没顺序，这段话写下来就缺少条理性。所以在低年级，培养学生按照顺序观察图画是非常重要的。

2. 细致观察

当学生掌握了按一定顺序观察的方法后，还要训练学生细致观察的能力。通过仔细看图，判断事物发生的时间、地点，了解画面所反映的主要内容。在教学时，教师可从静物图片入手，如一束花，一只小动物。首先，让学生描述画面内容；接着，选取画面中的局部，让学生抓住颜色、形状等特点用语言描述，描述得越详细越好。在学生学会进行局部观察的基础上，回归整体，引导学生观察画面哪部分是最重要的。把它们详细描述出来，最后把这些片段串联在一起，就形成了完整的描述。经过训练，学生慢慢就养成了先有整体的印象，再抓住细节进行认真观察，然后回到整体画面上进行观察的习惯了。在训练学生认真观察时，我们还可以用"找出两幅图的不同之处"的办法训练学生的观察能力，引导他们养成细致观察的好习惯。

二、从多幅图入手，培养孩子的逻辑思维能力

有了单幅图的观察基础后，就可以尝试带领学生观察多幅图。多幅图一般都是由几个连续的画面组成的，三至四张图可构成一个完整的事件，多幅图的教学可以从以下几方面入手：

1. 提炼要素，抓住关键点

多幅图的看图编故事一般都会有清晰的线索，由一个人物或者一件物品作为主线穿插在每张图片之中。就如部编版二年级下册语文园地四中的看图编故事。图中的"鸡蛋壳"就是必不可少的要素，而"小蚂蚁、小虫子、小蝴蝶"是主要人物。只要抓住这两个要素去观察他们都在做什么，问题就迎刃而解。

2. 前后对比，找出联系

多幅图编故事，在培养学生观察力的同时，还要注意培养学生的逻辑思维能力。多张图片之间既是独立的，又是有着某种联系的。这些联系需要学生细心观察，找出其中的关键点。多张图片进行比较，就不难发现这些图里都有一个关键物品或者是一个关键人物。可能是一顶帽子，一个脸盆，也可能是一个小朋友，一个小动物……他们在不同的图中，所处的位置不一样。教师在教学中，可以引导学生找出这个关键点。先观察他们在不同图片中所处的位置，说出引起他们位置变化的原因；再观察图中相关角色，是否产生神态、动作的变化，想象一下他们的反应。找出图片之间的联系与区别，就不难写出一篇条理清楚的文章了。

三、从想象入手，培养学生编故事的能力

要想故事编得精彩，光学会"看"是远远不够的，还要在"看"的基础上进行想象。

1. 根据画面进行想象

不管是单幅图还是多幅图都是静止的。如同分镜头，即使图片描绘再细，也只能看出动作、神态。人物的心理活动、语言都是无法直接描绘的。还有些看图编故事，为了考查学生的想象能力特意留有空白，呈现的内容具有跳跃性。例如部编版小学语文二年级上册"父与子"，只给了三

幅图片。其中涉及事情结局的那张图片是一片空白，让学生去想象结局。这种开放式的看图编故事就更需要学生发挥想象力。教师在教学中要恰当地利用这些空白处训练学生的想象能力。这样不仅可以丰富学生的思想，而且有利于潜移默化地培养学生的创造性思维。在低年级看图写话的起始阶段，可以借助多媒体进行动画演示，还可以组织学生进行情境表演，使静止的图像在学生的头脑里像电视剧一样有形有声有色地放映，启发学生想象，补充画面的不足。通过合理想象可以传递出更加丰富的信息，有利于故事的最后编写。

2. 根据画面进行推演

故事要想吸引人，情节就要一波三折，设置有悬念、有曲折的经历。但在教学中我们经常遇到这样的情况，出示给学生一幅画或几幅画，他们仅仅是把自己观察的景、人平铺直叙地写下来。内容经常雷同，有的甚至像流水账、白开水，读起来使人困倦。如果想让故事形象生动，有血有肉，就需要学生在观察的基础上，根据自身经验进行推演。"画面中的人物在什么地方？干什么？在干的过程中，他们会遇到哪些困难？经历哪些波折和有趣的事？是怎么化险为夷的？"通过这些问题，引导学生展开大胆的想象。鼓励学生合理的设计、组织情节，写出画外之意。

教师在指导学生看图编故事时，还要注意培养学生说完整话，避免重复和啰唆的现象发生。要做到"言之有物，言之有序"。为了让学生学会编故事，平时要鼓励学生多读故事书。只有以大量的阅读量为基础，在编故事时，才有更多的经验可借鉴，编出的故事才会更吸引读者。一个会编故事的孩子往往思维敏捷，富有想象力和创造力。一个风趣幽默、会讲故事的人，人们也愿意与他交朋友。所以说，编好故事不仅在为今后的写作铺路，也是为今后的人生奠定基础。

教学实录

二年级下册第四单元《看图写话》教学实录

◇ 课程说明

　　《看图写话》是部编教材二年级下册的语文园地四中的写话训练。文本共出现了四幅图。这四幅连环图展现的是小虫子、蚂蚁和蝴蝶一天的经历。要求学生看图发挥想象，借助词语按时间顺序写话。教材为写话提供了三方面的内容：

　　1. 思路提示：小虫子、蚂蚁和蝴蝶用鸡蛋壳做了哪些事情？它们有什么有趣的经历？把它们一天的经历写下来。

　　2. 表示时间的词语提示。

　　3. 借助图画内容提示。能够按照要求把小动物一天有趣的经历写完整、连贯写下来。

◇**教学设计**

看图写话

【**教学目标**】

1. 能根据提示看图发挥想象，把故事说清楚、写完整。

2. 借助词语按照时间顺序把小动物一天的经历写下来。

3. 引导学生把图当故事去讲，把故事想好了再写。

4. 写后展示学生作品，引导学生进行评议。

【**教学重点**】

看全面，讲清楚，有趣味，按时间顺序写。

【**教学难点**】

能根据提示看图发挥想象，把故事说清楚、写完整。

【**课时安排**】

1课时。

【**教学准备**】

小动物贴图，教学PPT。

【**教学过程**】

一、创设情境，引起话题

课件出示：（鸡蛋壳）今天，我给大家带来了一个宝贝！瞧，这是什么？是呀，如果把它送给你，你会把鸡蛋壳做成什么？

生1：我在蛋壳上画画；

生 2：我会用它做不倒翁；

生 3：我会用它做灯笼；

……

大自然里的三个小动物也发现了这个宝贝。看看它们三个都是谁。

生：小蜻蜓、蝴蝶、小虫子。

师：在黑板上简笔画三个小动物。它们可是三个好朋友呢！

你们知道蛋壳给小动物们带来了什么？请同学们把书翻到 54 面，看看文字，你发现了哪些提示？

生 1：看图，想一想：小虫子、蚂蚁、和蝴蝶用鸡蛋壳做了哪些事情？

生 2：它们有什么有趣经历？

生 3：把它们一天的经历写下来。

生 4：写的时候，可以用上下面的词语。（早上　过了一会儿　到了下午　天黑了）

【设计意图：这一环节设计，让学生联系生活实际，说说自己曾经用蛋壳做了什么，引起学生学习兴趣，为后面的想象作铺垫。明确本次写话要求。】

二、观察画面，表达清楚

1. 阳光暖烘烘的，草儿绿绿的，三个小伙伴们出来游玩啦！瞧，他们走着走着，发现了半个蛋壳。请你们亮起小眼睛，仔细看，小动物们把蛋壳做成了什么呢？看图想一想，说一说。

课件出示：四幅图。

生 1：他们把蛋壳做成了跷跷板、热气球、摇篮等。

他说清楚了吗？

生：说清楚了。

师：你还能说什么？

生2：我能按顺序说。

生2：早上，它们把蛋壳做成了一个好玩的跷跷板；

过了一会儿，它们用蛋壳做了一个大大的热气球；

下午下雨了，它们用蛋壳做了一个小屋子；

天黑了，它们用蛋壳做了摇篮。

他们俩都说得很清楚了，但是他说得更有顺序。

师：这三个小伙伴用蛋壳玩出这么多花样，你有什么感受？

生：他们很聪明。

师：就像聪明的一休一样，总是动脑思考。

（一）指导第一幅，看图想象，说完整。

现在大家看看第一幅图。

他们来到了绿油油的草地上。瞧！它们看到了什么？

生：看到了半个蛋壳。

跷跷板已经做好了，想象一下，他们是怎么玩的呢？

生1：一会高一会低的；

生2：一会上一会下的……

联系自己坐跷跷板的经历，让画面动起来了。这样把画面看全了，说清楚了。

你能完整地把第一幅图说清楚吗？

师：小蚂蚁、小蝴蝶、小虫子三个伙伴一个都不能丢。

看全了画面，这样才能把这幅图说清楚。联系自己坐跷跷板想象，把画面说得活起来。（板书：看全面，说清楚，讲有趣）

【设计意图：这一环节设计，让学生通过第一幅图的观察及说画面，明确要求要把图看全，说清楚；想象，让画面动起来，作为讲说其他三幅图的范例。】

课件出示：四幅图。

小结：图中的小动物把蛋壳做成了什么？这是我们用眼睛看到的。板书：看。它们是怎么玩的？这是我们转动小脑筋大胆想象到的。板书：想。这一看一想啊，让画面活了起来，故事也更精彩了！

【贴板书】板书：看、想。

（二）举一反三，交流第二、三、四幅图

1. 你能用这样的方法说说其他三幅图吗？（指着课件）现在选择喜欢的一幅说给同桌听，注意对方说的时候认真听，说得好的夸夸他，也可以给他提提建议。

师巡视，指导说话。倾听学生讲故事。

2. 你们讨论的真热烈啊！老师都不忍心打断你们了！接下来，哪位同学能为大家讲一讲你喜欢的那幅图？

3. 你喜欢哪一幅？开始讲吧！

其他同学认真倾听，看看是不是看全画面，讲清楚了。

让学生照第一幅的样子说从第二幅图到第四幅图，把看到的、想象的说完整。

【设计意图：这一环节设计，让学生学以致用，把第一幅图的方法用在这里，进行迁移，让学生不仅把画面看全讲清，充分想象，让画面活起

来，更要讲连贯，完整。注意内在的联系。】

4. 用上带时间的词语，说说一天的经历。

同学们的故事讲得生动、有趣！老师为你们竖大拇指了呢！瞧，老师的魔袋送给大家一个法宝：竖起耳朵认真听！

现在，四人小组合作，每人一幅图，用上这些词语把它们一天的经历讲给小组成员听。（巡视）

课件出示：早上　过了一会儿　到了下午　天黑了

（1）组内交流。

（2）小组展示。

教师评价关注：

（1）关注是不是用上了时间的词语。

（2）是不是完整、得体。

【设计意图：这一环节设计，突出写话要有顺序，借助书中提供的四个短语，让学生能够恰当地与画面联系起来，进行有序表达。】

三、举一反三，尝试写话

1. 故事讲得这么精彩，写下来一定更棒！听，魔袋又带来了一个法宝——"写话小提示"。

课件出示写话小提示：

（1）开头空两个格；

（2）恰当地运用"，　。　！　?"等标点符号；

（3）运用表示时间的词语将小虫子、蝴蝶和小蚂蚁一天的经历写下来；

（4）用上积累过的词语；

（5）仔细观察，合理想象。

【设计意图：这一环节设计，突出写话要求，对格式、标点加以强调，让学生养成习作格式和标点的正确使用习惯。借助书中提供的四个短语，让学生能够恰当地与画面联系起来，进行有序表达。】

师：请同学来读一读。小伙伴们，如果你们能用上好词来帮忙，你的写话会更吸引人呢！让我们一起合作读读这些词语吧。

课件出示：万里无云　碧空如洗　晴空万里　乌云密布　倾盆大雨月朗星稀　压来压去　扇动着翅膀　降落　翻过来　顶着小房子　吓哭了　飞不起来了　躺在摇篮里　兴高采烈　乐呵呵　迫不及待　着急害怕

【设计意图：这一环节设计，给学生一个梯子，让学生扶着走。学生一时想不出那么多词语，通过这一环节，学生就有词可用了，也能激发学生的想象力。】

师：同学们都希望自己的写话得几颗星？

课件出示：你能得几颗星？

四幅画内容写清楚　★★

用上词语连贯有序　★★

想象合理且趣味多　★★

标点开头格式正确　★★

生1：我希望得8颗星。

生2：我想得四颗星。

师：有想得 1 颗星的吗？

师：看看老师的第一次写话能得几颗星？

课件出示：

在绿油油的草地上，小虫子和小蚂蚁把蛋壳当作跷跷板的基石，蝴蝶看见了夸奖它们爱动脑筋。小虫子和小蚂蚁把蛋壳当作热气球，在天空中飞翔。它们玩得开心极了！下雨了，小虫子和小蚂蚁把蛋壳当小房子避雨。蝴蝶、小虫子和小蚂蚁把蛋壳当作摇篮，玩累了，他们美美地睡觉了！

生：4 颗星。

师：看看老师的第二次写话，能得几颗星？

课件出示：

早上，晴空万里，在绿油油的草地上，小虫子和小蚂蚁把蛋壳当作基石，加上一根木板做成了个跷跷板。它们压来压去的，玩得兴高采烈的。蝴蝶对小虫子和小蚂蚁喊着"加油！加油"。

过了一会儿，小虫子和小蚂蚁也想像蝴蝶一样飞上天空，于是它们想到了办法，小蚂蚁和小虫子就把蛋壳当作热气球，和蝴蝶一起乘着风升上了天空，在天空中自由地飞翔。它们玩得开心极了！

到了下午，忽然，天空乌云密布，不一会就下起了雨。小蝴蝶吓哭了，下雨它就飞不起来了。小虫子和小蚂蚁赶忙降落，把蛋壳翻过来当作小房子，它们安全地躲着雨。它们还移动着小房子，在雨中散步。

晚上，月朗星稀，蝴蝶、小虫子和小蚂蚁把蛋壳当作摇篮，把树叶当作被子盖在身上。它们玩累了，躺在摇篮里，闭上了眼睛，露出了红润润的笑脸，美美地进入了梦想！

现在小组合作写话，拿出接力写话单，小组长分工，一人一幅画。

赶紧行动吧！我们要开始写我们心里想写的话了。看哪个小组完成得又快又好。小组合作写话，教师巡视指导。

课件出示：好词来帮忙：万里无云　碧空如洗　晴空万里　乌云密布　倾盆大雨　月朗星稀　压来压去　扇动着翅膀　降落　翻过来　顶着小房子　吓哭了　飞不起来了　躺在摇篮里　兴高采烈　乐呵呵　迫不及待　着急　害怕

【设计意图：这一环节设计，通过老师范文的引领、比较让学生明白好的写话标准，并且明确自己的写话目标，并能及时运用好词进行写话。】

四、展示交流，评改提高

1. 展示学生的写话。

老师巡视发现写得好的同学。每幅图选取一个人，组合在一起正是一篇完整的小文章。

师：读给大家听。

生：（评价）

课件出示：你能得几颗星　★★

四幅画内容写清楚　★★

用上词语连贯有序　★★

想象合理且趣味多　★★

标点开头格式正确　★★

2. 生评价自己的写话得几颗星，并说出理由。

3. 师：对比他们的写话，你会发现谁的写话文章没写好。怎么办呢？

师：老师给大家带来了妙招。

课件出示：写话小妙招

朗读、修改自己的写话。

4. 下一节课，我们一起继续完成写话，把自己的故事写完整，并试着给故事加上题目，看看谁起的名字最有趣。

五、总结收获

这节课同学们不仅学会看全图画，还能借想象把故事讲得清楚、有趣，并且用上了时间词语，把故事写得连贯有意思。（板书：写连贯）

亲爱的同学们，让我们一齐读写话小儿歌吧！

看全画面说清楚，

展开想象讲有趣。

用上时间有顺序，

对照要求写全面。

六、板书设计

看图写话

看全面　说清楚　讲有趣　写连贯

◇教学反思

《看图写话》运用四幅图展示小动物之间一天的经历。让学生们在观察的基础上，展开想象，讲好故事，运用"早上、过一会儿"等表示时间顺序的词语有顺序进行写故事。

第一，本课在设计教学时，首先我特别重视文中各个组成部分的整合，以看图切入口，以说故事为中介，最后再以写话来展示看图、说故事的成果，把看图、说故事、写话连为一体。同时，注意处理好各部分的轻重，重在写话。本节课写话长达 10 分钟左右。

第二，注重引导展开合理想象。把一幅图画看成活生生的生活场景或自然景象，展开合理想象。如出示图例后，我就引导学生想象："小蚂蚁和小虫子是怎样玩跷跷板的？""小蝴蝶、小蚂蚁和小虫子之间会有哪些对话？"给学生充分的想象空间，可以假设自己是画中的事物，此时此刻会怎么想、怎么说、怎么做。这样就能使画面的内容丰富起来，使画面动起来。在这一环节，也适时教给学生看图写话的方法——"想"和"说"。

第三，本课重点指导写话并进行修改。在"写话"环节，先引导学生按照图画顺序观察，展开想象：小虫子、小蚂蚁、小蝴蝶用鸡蛋壳做了哪些事情？它们有什么有趣的经历？体会小虫子、小蚂蚁、小蝴蝶丰富的想象力。展开想象编故事。可以重点指导第一幅图，先让学生根据图画选出与画面相吻合的表示时间的词语，再指导学生用上这个表示时间的词语看图编故事。如"早上"作为故事的开头。编的故事中，可以让小虫子、小蚂蚁和小蝴蝶开口说话，可以写写它们的动作、样子等等。然后放手让学生看图二、图三、图四继续编故事。在学生自由练习的基础上，同桌交流，把故事讲好。

在这堂写话教学中，根据学生的写话反馈可以看出，学生基本都能根据图意写一段、几段通顺完整的话，也基本了解了看图写话的方法，即"看、想、说、写"。但是在教学中，我也发现了许多的缺点和不足：

在写话的环节，由于学生第一次一起写关于四幅图的小故事，且在观察图画时不够细心，本次写话显得尤为吃力。学生不懂得处理图与图之间的逻辑关系，故事描述起来有前后矛盾或存在漏洞的问题，在以后的教学中还是要加强训练。

◆专家评课

长春市宽城区教师进修学校　王娟

此次《看图写话》是在二上看图发挥想象编故事的基础上，设计了四幅连环画，学生能够在看全画面的基础上说清楚，大胆想象，讲得有趣，最后运用表示时间的四个词语能够连贯写话。本次看图写话的主角是鸡蛋壳，这是学生在实际生活中经常看到的东西，借助熟悉的画面加以想象就容易多了。

一、激发兴趣，调动写话欲望

《新课程标准》对小学低年级写话教学的要求主要有三点：1. 培养学生写话兴趣，写想说的话，写想象中的事；2. 在写话练习中尽可能地运用阅读和生活中的词语；3. 学会应用各类简单的标点符号。可见，低年级写话主要是激发学生写话兴趣，然后适当地引导学生学习观察和表达的方法。

本节课中老师由一枚蛋壳引入，激起了学生的表达欲望，请学生大胆想象，如果把鸡蛋壳给你，你会用来做什么？这个问题触动了学生的思维兴奋点，学生结合自己的生活实际和蛋壳的特点设想自己可以用蛋壳做些什么。紧接着，教师将学生发散的思维引导到教材的写话中来。我们用蛋壳可以做那么多的事情，那么书中的小蚂蚁、小蝴蝶、小虫子，它们用蛋壳做了什么事情呢？将学生的关注点回归到教材的图画中来，逐步引导学生观察画面，练习说清楚画面内容。

二、引导想象，激活个性思维

孩子的世界是非常丰富多彩的，特别是想象能力的培养，可以激活学生的个性化思维。从统编版教材各年级的编排内容上看，教材编者非常注重学生想象力的培养，思维力的训练。所以教师在设计本节课的时候，也非常注重留有空间，让学生大胆想象。而事实证明，学生的想象力特别的丰富，语言也很流畅。比如：小蚂蚁和小虫子乘热气球与小蝴蝶一起飞上了天空，看到了许多白云、广阔的蓝天……越飞越高，有些恐高了，赶紧降落。降落中遇到危险……麦考莱曾经说过："在所有人中，儿童的想象力最丰富。"我们的写话就是让孩子们看懂图意，但又不拘泥在几幅图中，让学生在图片的启发下，乘着想象的翅膀大胆地想象图片背后的画面，然后用自己的语言自由而准确地表达。

三、营造氛围，助力自由表达

轻松愉悦的写话氛围，可以让学生无拘无束、放开胆量自由表达。学生想表达、愿意表达相比较于学生是否表达得好更重要。在本节课的教学中，我们从教师的设计以及教师的语言中就可以发现，教师始终在力求给学生营造轻松愉悦的表达氛围，让学生在轻松的氛围中自由表达。其实表达训练也好、写话训练也好，都是在循序渐进地训练，用汉语言准确表达自己的内心，如果学生在紧张压抑的情况下，连表达内心都不愿意，那么，他的运用汉语言表达内心的能力也自然不会得到有效的提高。

四、好词帮忙，提高写话质量

在写话训练中，要引导学生从"想写"到"能写"再到"会写"，循序渐进地提高语言质量。对于低年级的学生来说，大部分孩子都存在不知如何表达，不能准确表达的困难。本节课教师在设计的时候，关注到了学生写话的难点，她为学生写话搭设了破解难点的脚手架——"好词来帮忙"。教师出示的词语都是与四幅图有联系的词语，相当于给了学生一架梯子。学生可能不会写，词不达意，通过老师给的提示不仅能够引导学生进行想象，还能在学生不知如何表达，表达不准确的时候，给予一定的帮助，从而让学生可以顺利地写话。

总之，低年级的看图写话，要从学生喜欢的内容中进行选材，注意与学生的经验世界和想象世界联系。只有让写话的内容是学生愿意写的、容易写的，学生才能够自由而真实地表达。在教学设计的过程中也要充分考虑学生的写话基础，切准学生写话的难点，围绕兴趣的激发、方法的指导、习惯的养成、思维的调动来设计写话教学，才能真正提高学生的语言文字运用能力。

第 三 章

中年级分类写作的指导方法

　　小学中年级是习作的起步阶段。既是低年级看图说话、写话的延续，又是在为高年级作文训练做准备。《语文课程标准》对中年段习作提出了三个明确的要求："1. 乐于书面表达，增强习作的自信心。2. 观察周围世界，能不拘形式地写下自己的见闻、感受和想象，注意把自己觉得新奇有趣或印象最深、最受感动的内容写清楚。3. 尝试在习作中运用自己平时积累的语言材料，特别是有新鲜感的词句。"从中年段的三个要求中很容易看出这一阶段的习作训练任务是，引导学生观察周围的世界，把自己观察的事物运用平时积累的语言材料表达出来。中年级作文教学以低年段的写话为基础，把握好时机，做好由片段到篇章的指导。根据不同类型的文章做专门的指导，进行读写结合的训练，这样才能为高年级的写作打下坚实的基础。

第一节　写景类作文的指导方法

写景，就是用语言文字把自然景物描绘出来。在写景的文章中，情是景的灵魂，景是情的依托。情与景自然交融，才能构成好文章。写景文章是以景物为素材，江河湖海、风霜雨雪、日月星辰、花草树木、亭台楼阁都是观察和描写的对象。要想写好这类文章，教师要从以下几方面进行指导。

一、写前观察，积累素材

学生面对写景类的作文时，最苦恼的是"无米下锅"。学生每天活动的范围有限，俗话说："熟悉的地方没有风景。"在他们眼中，"小区里的一角不值得写，校园的一角也不存在美"，所以学生绞尽脑汁也无从下笔。针对这一问题，教师可借助信息技术，将美丽的景物拍摄下来，为学生提供素材。还可以在网上找到专门介绍旅游景点的网站，这些网站一般都有由专业摄影师拍摄的宣传图片，这些图片角度好，画面美观。有些网站还有视频，教师可以选择学生熟悉的地方进行播放，带领他们边观看，边回忆。有条件的还可以将学生带到实地进行观察，如写"校园一角"就可以把学生带到室外，找出美的地方，选好角度，定点观察，为写作积累素材。

二、理清顺序，掌握规律

描写景物的习作和其他类别的习作，最大的不同之处是写作顺序有很大区别。写作顺序是文章的主要线索，作者的所见所闻所感都应围绕线索展开，这样写出来的文章思路清晰，结构严谨。因此，确定观察点和观察顺序，是写好写景文章的关键。写景文章的写作顺序是由观察顺序决定的，我们在观察景物时往往是移动着的，景物会随着观察者的角度不同而有所变化，经常是"移步换景"。因此在描写时常用的顺序有"空间顺序"或"时间顺序"。"空间顺序"就是按事物空间结构的顺序来描写。比如：从上到下、从远到近、由点到面……"时间顺序"就是按时间先后来介绍某一事物的说明顺序。主要有春、夏、秋、冬、早上、上午、中午、下午、傍晚、晚上……在教学时，教师应引导学生回忆自己的观察顺序。如果观察不是一次完成的，可以选择按时间顺序描写。确定好写作顺序，掌握观察规律，写景文章并不难。

三、动静结合，情景交融

景色要想描写得生动，不仅要有静止的画面。低年级学生已经能关注静态景物，花、草、树、木、亭、台、楼、阁存在的特点，能做到抓住景物的颜色、形状，但无法完成动静结合的描写。因此，教师在指导时要引导学生对景物的动态、声音进行描绘。如一只高飞的鸟，一眼流动的泉，风吹过树叶的摆动……通过这些描写达到景物传神、生动、鲜活的效果。

在写景的时候，先做到动静结合，再融入自己情感，才能感染读者。写景作文在表达情感的方式上一般有"借景抒情"和"以景明理"两种，"借景抒情"将自己的感受寄托在景物的描写上。没有感情色彩的景物无论多美，也没有生命力。学生如果没有对景物用"情"就写不出好的文章来。在描写景物时，不但要写出景物的美，还要表达自己真实的感受。喜爱、悲伤、失落、或是迷茫，怀有不同情感，笔下景物的特点也就不同。切忌千篇一律，都概括为喜爱之情。就如写秋天，有的人看到了丰收之色，心情愉悦；有的人则看到了冬天将至，万物凋零，觉得悲苦；还有人可能从丰收的情景悟到人生的哲理，这些感受只要是来自学生内心，就都应该得到认可。教师在指导时更应该提倡百花齐放。只有让景物的特点与自己的感情自然交融，浑然一体，写出来的文章才能"景中含情、情中有景、情景交融"，给人以极强的感染力。

四、恰当想象，用好修辞

文章要想吸引读者，恰当地使用比喻、拟人、夸张等修辞手法是必不可少的。修辞方法运用得当，可以使景物形象生动，引人入胜。恰当地使用这些修辞方法，应展开丰富的想象。将具有共同点的事物联系起来进行"比喻"，将"物"赋予人类的行为进行"拟人"，将不可能出现的事情进行"夸张"。这都需要进行丰富大胆的想象才能做到。在平时的教学中，教师要关注课文中的修辞方法，进行分析、仿说。只有平时学习透彻，学生在写作时才能灵活运用。

想象还有一个特点就是可以由此及彼，跨越时间、空间的界限，使文章的思路更开阔。在描写景物的过程中，将自己看见的景物穿插着对历史的联想，这样文章的内容会丰富而趣味横生，且充满文学色彩，更富感染力。

总之，学生要想写好景物，就要注重平时的观察和积累，想好观察和写作顺序，进行大胆合理的想象，抓住景物特点，恰当运用修辞方法，只有这样才能使文章神形兼备。

教学实录

三年级上册第六单元习作《这儿真美》教学实录

吉林省长春市高新第二实验学校　张卓

◇ 课程说明

（一）单元说明

本单元的人文主题是"祖国，我爱你。我爱你每一寸土地，我爱你壮美的山河"。语文要素是"借助关键语句理解一段话的意思，习作的时候，试着围绕一个意思写"，围绕这一要素，共安排三篇课文：《富饶的西沙群岛》《海滨小城》《美丽的小兴安岭》，还有关于祖国壮美河山的三首古诗：《望天门山》《饮湖上初晴后雨》《望洞庭》。

这几篇课文和古诗，用优美的语言描绘了大自然的美丽景观，也分别承载着不同的训练要点：三首古诗分别描绘了天门山、西湖、洞庭湖优美的景色，训练学生想象画面的能力；《富饶的西沙群岛》一课学习围绕一个主题整体组织材料的写作方法；《海滨小城》一课学习围绕一个关键句子组织一段内容的方法；《美丽的小兴安岭》学习按一定顺序描写景物的方法。本次习作内容紧紧围绕本单元训练专题，以"这儿真美"为主题，写一处美景。此设计重在引导学生去发现我们周围美丽的地方，并把身边的美景介绍给别人。

（二）表达说明

写作时，要求学生试着运用从课文中学到的方法，围绕一个意思写。在介绍美景时能按照一定顺序，有选择地描写景物，说清楚这个地方有什么，是什么样子的，同时，表达对这个地方的喜爱之情。鼓励学生在习作中尽可能用上这学期新学的词语，写好后自己反复念读并修改，然后把习作读给同学听，和同学分享你身边的美景。

◇ **教学设计**

这儿真美

【**教学目标**】

1. 观察一处景物，围绕一个中心意思，按一定的顺序描写下来。

2. 引导学生能通过一些表达方法，把这个地方的景物或变化写清楚，写具体，能运用自己积累的好词语。

3. 写好后读给同学听，和同学分享交流，感受习作的乐趣。

【**教学重点**】

观察一处景物，围绕一个中心意思，按一定的顺序描写下来。

【**教学难点**】

引导学生能通过一些表达方法，把这个地方的景物或变化写清楚，写具体，能运用自己积累的好词语。

【教学准备】

教学 PPT，学生摄影作品。

【课时安排】

1 课时。

【教学过程】

一、回顾课文，整理方法

1. 图片导入（课件播放课文景物照片）

师：同学们，在过去的一单元里，我们和作者一起游览了富饶的西沙群岛、美丽的小兴安岭，参观了美丽整洁的海滨小城，还跟随古人的脚步登上了雄伟壮阔的天门山，欣赏了初晴后雨的西湖和湖水荡漾的洞庭湖。在欣赏美景的同时，我们还学到了很多写作方法，让我们一起来回顾一下吧。

师：昨天同学们都观看了习作小微课，老师还要求大家填写了预学单，同学们一定总结了许多的小妙招吧。现在就请小组同学交流一下，谁来给大家读一读合作提示？（课件出示合作提示）

合作目标：在本单元中你学会了哪些写作方法？

合作分工：1 号：主持人；2 号：记录员；3 号：计时员；4 号：操作员。

合作要求：（1）结合课前学习任务单，小组同学有序交流。

（2）总结写作方法，概括关键词句，写在卡片上。

（3）操作员将卡片整齐地贴在黑板上的相应位置。

（4）建议时间 3 分钟。

2. 小组交流，贴卡片

3. 整理卡片

师：同学们总结出这么多的小妙招，但是老师发现这些小妙招的意思有些是比较接近的或是重复的。谁愿意帮助老师整理一下呢？（学生代表整理）

（1）按一定的顺序进行描写。

（2）围绕一个中心意思来写。

（3）观察要细致，按一定的顺序观察，用感官观察，抓住景物的主要特点来写。

（4）运用很多优美的词句，加上合理的想象和恰当的修辞方法，使表达更完整，更生动。

4. 这些是同学们总结出来的描写景物的小妙招，今天我们就用这些小妙招来介绍一下我们身边的美景吧。

【设计意图：教材是学生学习、教师教学的载体。利用阅读课上习得的方法进行习作，是既有效又高效的方法。教学中，教师让学生小组合作交流学到的写作方法，是为了给后边的习作做好储备和铺垫。】

二、运用方法，描述摄影作品

1. 描述照片，练习方法（课件出示三张照片）

师：老师给大家准备了三张照片，你觉得哪张照片最美？

生1：第三张照片最美，湖水清澈，树林茂盛。

生2：我觉得第三张图的湖水清澈、干净。

师：我们可以按照什么样的顺序来描述呢？

生1：从上到下的顺序，先来介绍蓝天，再来介绍湖水和草丛。

师：可以围绕哪一个关键词来写呢？

生：景色优美。

师：你还觉得哪幅图最美呢？

（生介绍第二和第一幅图，教师强调顺序和围绕一个意思写。）

2. 介绍照片

师：这是老师拍摄的照片，前几天我们举行了"拍摄我身边的美景"活动，同学们都拍出了许多美丽的照片，也找到了许多美丽的风景，现在就请大家按照一定的顺序，围绕一个意思，把你的照片介绍给大家。想一想要怎么介绍，先自己说一说。

3. 组内交流（课件出示交流提示）

师：下面我们来向你的小组同学介绍一下你的照片，请看交流要求：

（1）描述按一定的顺序，有条理，可以得到条理星。

（2）要说清楚这是什么地方，这个地方有什么，可以获得清楚星。

（3）围绕一句话介绍这里的景物，可以获得主题星。

（4）用上积累的优美词句，可以获得优美星。

（5）其他同学填写评价表，认为他可以得到哪个星就在下面打对号。

组员	清楚星	主题星	优美星	条理星

4. 全班交流，加强表达

（1）小组成员推举一名描述得最好的、景色最美的同学带着图片与大家进行交流，听一听他是怎么说的。

（2）交流时，其他同学评价，可以从以下方面进行评价，你觉得他能得到什么星？

生 1：（读片段）

生 2：我觉得他能得清楚星，因为他已经把这处景物写清楚了。

生 3：我认为他能得到条理星，因为他按照从近到远的顺序写的，非常有条理。

生 4：我觉得他能得到优美星，因为他用上了很多优美的词句和修辞方法。

……

师：写得非常好，掌声送给他。

生 2：（读片段）

师：你觉得他能得什么星？

生：我觉得他能得优美星。

生：我觉得他能得想象星，他把小草想象成小孩子，感觉特别活泼。

师：同学们注意到他的描述顺序了吗？他先写了操场中间的草地，再写周围的跑道，然后写跑道旁边的健身器材……按照位置顺序，写得非常有条理。

生 3：（读片段）

其他学生进行评价。

师小结：同学们用上这些小妙招，就把这一处的景物写得特别好，看来大家掌握得非常好。

【设计意图：生活即作文，习作要从生活中来，教学本课前，让学生观察美景，并全程记录拍摄下来，引导学生用学到的方法进行描述。这样就降低了习作的梯度，循序渐进，顺从学生的情感体验，从口头表达入手，逐渐引入习作之中。】

三、理清思路，准备习作

1. 学会了这么多的小妙招，让我们一起把我们看到的身边美景以"这儿真美"为题写出来吧！（课件出示思维导图）

（1）你打算按照什么样的结构来写呢？

师：一般情况下，我们会用一个关键词或者关键句概括文章的主要内容，你想用哪个关键词介绍这个地方呢？

生：景色优美。

生：物产丰富。

师：你们猜猜他要写这处景物的什么？

生：物产很多。

生：五彩缤纷。

师：猜猜这是要写什么？

生：写这里的颜色很多。

（2）打算写几处景物，根据需要增加或删除。

师：你想写哪些景物呢？

生：草木、花、天空。

师：大家给他一些建议，按什么样的顺序更好？

生：天空、草木、花，按照从上到下的顺序。

师：写这些景物，你打算用上哪一句中心句呢？

生：这里树木茂盛。

师：从他的中心句中你们猜猜他要写什么？

生：要写树木茂盛的特点。

（师生交流中心句的安排）

（3）细致观察，把景物写具体。

师：还记得在微课中提到要怎样做到观察细致吗？

生：可以用眼睛看颜色、形状，闻味道、听声音，还可以用手摸一摸。

师：还有什么也一定不能忘？

生：大胆地想象。

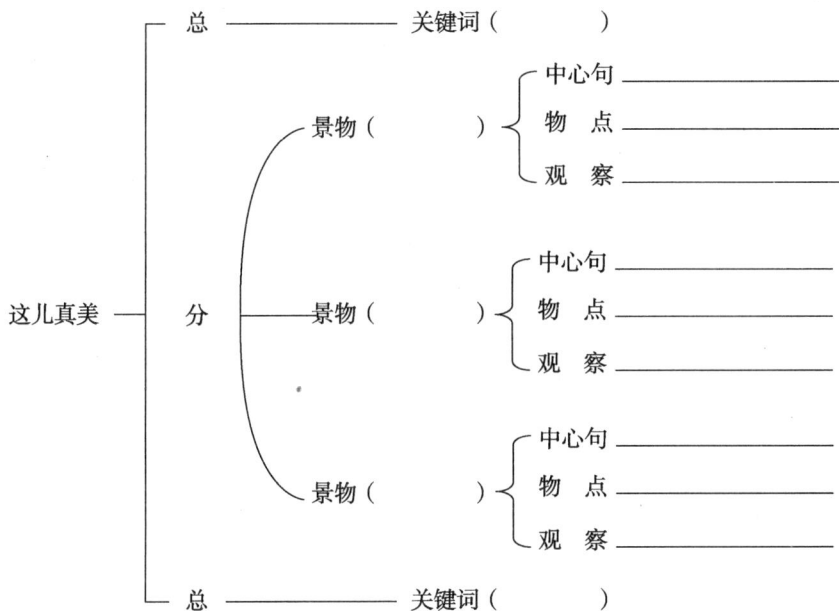

填完后，和组内同学说一说你的想法。

2. 出示资料包。（课件出示资料包）

师：为了让大家写得更美，老师给大家准备了资料包，请同学们看一看，在中心句资料包中，你读懂了什么？

- 操场后面的小花园真美……

- 秋天的树林就像一幅色彩斑斓的图画……

- 一到池塘边，我就被眼前的景色吸引住了……

（1）读一读这些句子，你能猜一猜这一段描写了什么吗？

生：第一句写的是花园的美。

生：第二句写的是树林里的颜色美。

生：第三句写的是池塘边的景色优美。

师：还记得微课中说中心句可以放在哪里吗？

生：可以放在开头，也可以放在结尾。

（2）你能说一个这样的句子吗？

3. 出示词语资料包

盛开　飞舞　狂欢　漂亮　优美　明朗　粗壮　香甜　清凉　嫩绿
静悄悄

亮晶晶　闪闪发光　清静幽雅　风光旖旎　春光明媚　春花秋月　春华秋
实　春色满园　春山如笑　春回大地　春兰秋菊　春暖花开　柳绿花艳
万物复苏　百花齐放　百花争艳　茂林修竹　姹紫嫣红　娇艳欲滴　含苞
欲放　万紫千红　莺歌燕舞　蜂围蝶阵　古木参天　云遮雾绕　苍山叠嶂

（1）说一说这些词语都是描写什么景物的。

（2）你还知道哪些描写这些景物的词语？

4. 好句好段资料包

四、综合运用，完成习作

1. 结合导图和照片，利用资料包和学过的小妙招，把作文写下来。

2. 请同学读给大家听，其他同学来评价，评价围绕顺序、中心句、
观察是否细致、描写是否优美进行。

3. 还要读给小组同学听，按照同学提出的不足之处，再进行修改。

五、总结

请大家用我们学过的小妙招去描写我们身边更美的景色，并做出总
结、评价。

◇ **教学反思**

　　《这儿真美》是部编版三年级上册的一篇习作。本单元的语文要素是"围绕一个意思去写"，本教学设计完全基于"课标"中学段目标及本单元语文要素而确定。主要从写作的技巧、写作兴趣的激发、写作构思的组织和语言表达等方面进行指导。

　　一、单元梳理，微课先导

　　为了让学生系统总结本单元的写作方法，在教学这节课之前通过微课的学习，帮助学生整理本单元的写作技巧，结合具体实例对"按一定顺序写""围绕一个意思写""细致观察"等方面进行引导和练习。为学生的课堂学习做好铺垫，大大降低了学生的习作难度。

　　二、亲近自然，照片引领

　　写景的作文对于三年级的孩子来讲确实存在很大的困难，主要体现在不知道写什么，即使美景在前，也不知从何写起，这主要是因为学生不会观察，不善观察。为了提高学生的观察能力和观察意识，本节课除了让学生观察微课外，还引导学生走进大自然，观察身边的美景，并用相机拍摄下来，让学生学会发现身边的美景，做到眼中有景，心中有美。为学生提供写作的素材，帮助其写出真情实感。

　　为了引导学生更好地描述照片中的美景，教学中，教师提供自己拍摄的摄影作品，引导学生结合自己认为最美的照片，按顺序观察，围绕一个意思表达。为学生描述自己的作品提供了范例，降低了习作的难度，激发了学生习作的自信心。

　　三、梳理思路，导图先行

　　学会了写作技巧，也积累了写作素材，但要怎样才能将观察的景物写出来呢？引导学生梳理习作思路，建构习作框架是非常重要的。教师在本节课中引导学生绘制思维导图，确定习作的结构、表达顺序，设置全文中心句和段落中心句，确定观察角度，做好习作计划。思维导图的使用大大促进了学生语文思维的发展，对提高学生的语文素养也是非常有帮助的。

四、提供资源，资料相辅

将眼中的美景变成优美的文字，这要求学生积累大量优美的词句。表达中用什么样的词语表述，用什么样的句子表达，这是学生写作过程中的一个难点。为了从学生的需求出发，教师对资料包的适时提供，淡化教方法，具化给素材，尊重了学生的差异和个性化学习需要，改变了学习方式。

这节课下来，学生学会了技巧，掌握了学习方法，积累了习作素材，增强了习作自信心，激发了写作的兴趣，懂得了发现美、记录美、表达美的方式，为今后的习作搭建了桥梁。

◆ 专家评课

长春市宽城区教师进修学校　　王娟

三年级是学生作文的起步阶段，学生的写作能力和写作经验是非常有限的。而写景题材的文章对于小学生来说是个难点，难在内容，更难在方法。怎样破解在学生成文过程中所遇到的这些难点呢？张卓老师的这节课，就有很多值得我们借鉴的地方。

一、课前观察，有备而来

作文难，难在方法，更难在内容。俗话说，巧妇难为无米之炊，没有内容可写，再好的写作方法也都没有了施展的空间。写景的文章要想让学生做到寄情于景，情景交融，首先要让学生对景色有切身的感受，所以，课前教师布置学生用相机记录身边你认为最美的景色，带着这样的照片走进课堂，学生对景色有了切身的感受了，再让学生去描写，去表达对景物的情感，学生自然就会有话可说，有内容可写。解决了写什么的问题，才有可能写得更好。

二、单元回顾，梳理方法

统编版教材在编写的过程中十分注重人文性与工具性的统一。每个单元的阅读内容与习作内容都是按照既定的人文主题来编排的，文本与习作又体现了工具性的统一，体现语文能力训练点的学用结合。这一板块安排的三篇课文：《富饶的西沙群岛》《海滨小城》《美丽的小兴安岭》，还有关于祖国壮美河山的三首古诗：《望天门山》、《饮湖上初晴后雨》、《望洞庭》都是写景的。教师在教学过程中对编者的意图进行了解读，注重与单元课文相结合，利用微课，梳理写作技巧，学习如何"围绕一个中心意思去写"，如何学习按照一定顺序去写。

三、合作交流，运用方法

学生语文能力的提升一定是在大量的语言实践中逐渐形成的，教师以师生交流、小组合作交流的方式提供给学生训练语言的契机，让学生尝试着运用从单元文本中梳理的方法来描述照片中的一处景物，并引导学生运用具体可感的评价方式互相之间进行评价，使得评价的内容也能够成为对学生的一种有效指导。

四、提纲挈领，梳理思路

建构习作框架，梳理习作思路，是写好文章的关键步骤。特别是对于习作起步阶段的学生来说尤为重要。当内容很多的时候，我们就要通过清晰的思路来组织。这也就避免了学生在写作的过程中层次不清，表意不明的问题。教师带领学生填写思维导图，既降低了难度，又为后边的习作打下基础。如果教师能够长此以往地对学生予以引导，学生的习作水平一定会有很大的提高。

五、资源链接，辅助习作

在习作教学中，适时恰当地引用教学资源不仅可以帮助学生提升习作质量，还可以帮助学生丰富语言积累，可以说是一举两得。张老师的资源链接很丰富，不仅是词汇的补充，还有方法的提点。这些对学生来说是一种贴切的点拨，对于写作遇到困难的孩子来说可谓雪中送炭。

总之，三年级习作起步阶段，需要教师细心地全方位指导，需要给学生更多的语言训练的机会。而张老师的这节习作指导课始终在引领学生进行语言实践，学生的实践与教师的指导紧密相连，使得学生的习作能力稳步提高。

第二节　写事类作文的指导方法

写事类作文是小学生习作的常见文体。《语文课程标准》要求"留心周围事物，能不拘形式地写下自己的见闻、感受和想象，注意把自己觉得新奇有趣或印象最深、最受感动的内容写清楚"，可见写事作文并不是简单地把一件事叙述一遍。要想真正写好叙事作文，就要从以下几方面入手。

一、抓住要点，将事情写清楚

写事作文首先要把事情交代清楚，让别人明白具体是一件什么事，涉及记叙文的六要素。众所周知，叙事类作文六要素是时间、地点、人物、事件的起因、经过、结果。这六个要素中，时间、地点、人物，学生可以开门见山地直接写，如"今天，我去公园玩"，"前几天，我去姥姥家"。

这样直接交代时间、地点、主要人物，可详可略，可一处，也可多处。还可以间接去写，作者通过人物的穿着打扮或环境特征，将事情发生的时间、地点显示出来。如"一阵风吹过，掀起了她的半袖衬衣，她艰难地走向田野"。通过阅读，读者知道：时间是夏季，主人公是位女性，地点在田野。采用这种方法进行交代，相对复杂，刚开始尝试写作的中年段学生恐怕难以掌握，所以并不将此作为本学段作文的教学重点。如果有学生尝试运用，教师一定要加以鼓励和引导。另外透过文中人物或景物的描写交代时，随着事情的发展变化，人物的移动，地点要随之发生变化。有时一件事情里面有多个人物出现，这时就要分清主次，重点交代主要人物。叙事类作文的六个要点中，事情的起因、经过、结果最难交代清楚。在写作前，不妨先问一问自己"发生这件事的原因""事情的发展过程""最后怎么样了"，然后利用表格法，让学生先简单填一填；用思维导图法，将事情脉络画出来；还可以通过列写作提纲的方法将这些要点梳理清楚。在教学中，经常会遇到学生能交代清楚起因和结果，但"经过"部分无法交代清楚的情况。"经过"部分，是事情的核心，也是全文成败的关键所在。因此如何指导学生把事情的经过写清楚，就成了所有教师研究叙事作文指导的一个重要问题。教师在指导时，可以采用分段方法，将"经过"部分细分为"发展"和"高潮"两个阶段。"发展"是顺着起因自然发生的。为吸引读者，作者可以设置悬念，这就是"高潮"，这部分要重点描写，细致刻画相关人物的语言、动作、心理活动、环境等因素。

二、确定中心，将事情写明白

作文的中心是作文的灵魂，是贯穿全文的主线。文章的选材、构思、表达都受中心的制约。确定中心就好比蜘蛛织网，即使有千丝万缕也要围绕一个中心编织。中年级作文起步时，如何确定文章的中心呢？一般常用的方式是通过审题进行确立。"审题"就是要深入思考和反复推敲作文题目，理解其含义，弄清写作的具体要求。确立写作中心，也就确定了写作的范围和重点，确定了下笔的角度及感情抒发的基调。"审题"是作文写作的第一步，"审题"一旦出现失误，就会出现"偏题""跑题"的现象。即使文章的词句再优美，构思再巧妙，也是满盘皆输。中年段的审题指导应该从全命题作文入手，指导学生找到题目中的关键词，如"有趣的一件事"中"趣"就是题眼。选材和写作就要紧紧围绕"趣"这个字进行构思。在掌握全命题作文"审题"方法的基础上，可进行半命题作文的审题训练。如"那件事真_____"这个文题只给出了写作的范围是一件事，至于是什么样的事，要求学生自己做决定。半命题作文中心的确立自由度大，写作前教师可以先进行文题的填空练习，让学生填关键词，确立文章的中心。难度最大的是自命题作文，这类作文选择的余地大，写作自由度大。但会有一定范围，提出写作要求。如"写一件自己身边发生的小事，题目自拟"，这就要求在写作前想好题目，用词要恰当。争取做到新颖独特，构思巧妙，引人注目。

通过审题，看清楚写作的要求，是确定文章中心的第一步。确定文章的中心还要做到思想健康，内容积极向上，保持中心的一致性。作文的中心就是作者的写作意图，写作前不妨引导学生想一想，想要在这篇作文中表达什么观点？表扬什么？批评什么？赞扬什么？反对什么？把这些一一列出来，就能梳理出自己文章的中心。

三、筛选材料，将事情写具体

确定好文章的中心，是否可以动笔写作了呢？不可。因为中年段的学生还处在写作的起步阶段，常常会想到什么就写什么。写着写着，文章就偏离了中心，甚至出现问题。比如描写"这件事真有趣"，而文章的内容是和朋友吵架的事情。不但没有趣，甚至连开心都谈不上。这种现象，就是因为没有选择好合适的素材。一件事情，可供选择的素材往往很多，但作用完全不同。就如同香菜，在做"香辣肉丝"时，香菜是主料。而在做"糖醋排骨"时，就成了可有可无的配料。我们在指导叙事类的作文时，必须让学生根据文章的中心选择材料。凡是与中心有关系的一定要细致、具体地描写；凡是与中心关系不大的，一定要略写；凡是跟中心无关的，一句都不要写。如"第一次_____"这篇文章要求写"我"第一次做的事情。可以是洗衣服、做饭、骑自行车、叠衣服……在做的过程中，一定会有人给予指导，但这并不是文章的重点，只能略写。因为这篇文章的中心在于写"我"的经历与体验，所以在选材时，重点描述"我"做的过程中都遇到了哪些困难，如何克服困难，最终完成的结果如何，不管成功还是失败，我的收获是什么。这些才是应该具体描写的。为了让学生更好地掌握选材的方法，教师可以用小练习的方式进行训练：

例题：

认真读题，根据文章中心，选择下面的材料，并指出哪些材料要详写，哪些材料要略写。

题目：这件事我错了

中心：诚实是最宝贵的品质，知错就要勇敢的改正。

材料：（1）午休时，我在地上捡到了十元钱。（2）午休时，同学们都玩了什么游戏。（3）十元钱能买到我心仪的变形金刚模型。（4）张浩发现钱不见了，一点都不着急，倒是同学报告给老师。（5）老师和同学们帮助张浩找钱。（6）我内心很矛盾，要不要把捡到的钱交给老师。（7）我主动把钱交给了老师，老师表扬了我。（8）钱交出去后，我内心很轻松。（9）变形金刚模型的样子。

应取的材料是（　　　　　　）应舍的材料是（　　　　　　）

应详写的材料是（　　　　　　　）应略写的材料是（　　　　　　　）

答案：1.（1）（3）（4）（5）（6）（7）（8）

2.（2）（9）

3.（6）（7）

4.（1）（3）（4）（5）（8）

通过这样的练习，可以训练学生学会恰当选材。然后针对重点材料，进行具体的描写训练。如上述训练中的"我内心很矛盾，要不要把捡到的钱交给老师"这个材料，可进行片段描写训练。首先出示这样的句子：捡到钱，我拿着十元钱，心里想：这是谁的钱呢？这十元钱正好可以买一个我喜欢的"变形金刚"模型。然后，出示填空，让学生扩写：我看见地上有十元钱，（迅速）（弯下）腰，（飞快地）捡起来，正想要问问这是谁的钱，突然，想起了（那个心仪的变形金刚模型，仿佛在向我招手），于是我（攥紧）这十元钱，没有出声。（紧张地）看了看四周，发现并没有同学注意到，于是就（偷偷地）（揣进）兜里。也许是因为（害怕别人发现），我心里（忐忑不安），一个中午都没玩好，总觉得（背后有人盯着）我，心里有个声音在说：（你是小偷），真是烦死了！通过这样的训练，让学生明白，具体描写就是写清楚动作和心理活动。平时教师也可以进行这方面的训练，如"你来做，我来说"，由一名同学做动作，另一名同学用语言描述。看谁能做到最具体，最形象。还可以让孩子们观察别人的面部表情，来猜一猜他的情绪。这些训练都可以帮助学生在写作时具体描述事物的形态。作文选材恰当，详略得当，重心自然就会突出。跑题、偏题的问题也会迎刃而解。

四、巧妙构思，将事情写生动

一篇叙事类作文，是否叙述清楚，中心突出，就是一篇好文章呢？还不够。因为要想吸引读者，往往还需要构思巧妙。试想，如果一部电影开头就告诉你结果是什么，杀人凶手是谁，然后再讲案情如何发生的，还会有多少人坐在那里去看呢！作文也如此，要有能吸引读者的文题，让人探究的开头，才能让读者产生继续阅读的兴趣。常见的构思方法有：设置悬念法。这种方法多用于作文开头。可以是一个问句，也可以是一个陈述句。越是不符合常规的问题，越能在读者心中产生疑问，激起阅读兴趣。让其对下文产生期待心理。如《西门豹治邺》开头即是："战国时期，魏王派西门豹去管理邺这个地方。到了那里，西门豹看到田地荒芜，人烟稀少，就找了位老大爷来，问他是怎么回事。"这个开头就比较有吸引力，因为它给读者设置了很多疑问。为什么这里会田地荒芜，人烟稀少？西门豹接下来会怎么做？读者自然而然想往下读。再如：矛盾法。矛盾源于人与人之间对同一事物角度不同而产生的认知结果不同。叙事类作文有了矛盾，才能推动情节发展，人物的情感才能层层递进，波澜起伏。正所谓"人贵直，文贵曲"。平铺直叙是作文大忌，而要让文章起伏跌宕，扣人心弦，巧设矛盾不失为一种好方法。如《小木船》一文中，小作者因为小木船和朋友陈明吵架。后来，陈明转学走之前，留下了小木船作为礼物送给小作者。从那以后小作者一看见小木船就想起好朋友陈明。使用设置矛盾这个方法需要注意，将矛盾产生的原因、结果以及主人公的心理反应都要交代清楚。教师指导学生写作文时，要引导他们写好事物发展过程中的矛盾冲突。力争写出"意料之外，又合乎情理之中"的结局，使文章曲折动人，富有吸引力。

叙事类作文的构思还可以体现在叙事的顺序上。常用的叙事顺序有顺叙、倒叙、插叙。写作前可以根据文章中心和材料来安排叙事顺序。"顺叙"是按事情发生、发展的时间先后顺序来写。特点是叙事有头有尾，条理清晰，读起来脉络清楚，印象深刻。"倒叙"是先写结果，然按照时间先后来写事情发生发展的经过。特点是造成悬念，吸引读者，使文章有波澜，增强文章的生动性。"插叙"是叙事时中断叙述，插入相关的另一件事。作用：对情节起补充衬托作用，使情节更曲折，内容更充实。

五、表达情感，将事情写深刻

刘勰在《文心雕龙·物色》中说："情以物迁，辞以情发。"可见情感表达是作文必不可少的因素。那么如何指导学生表达自己的真情实感呢？第一，在生活中注意积累情感。教师在平时和学生相处时，要引导他们感受来自生活中的真情。对待生活要热情，对待他人要热心，对待困难要坚强，对待不幸要乐观……只要有一颗热爱生活、乐观向上的心，就不难增加情感的厚度，就会拥有取之不尽、用之不竭的情感源泉。第二，是从阅读中学习表达情感的方式。表达情感的方式有很多，例如借物抒情、借景抒情。在叙事类作文中，有时会将情感寄托在实物上。如《背影》中，作者就将情感寄托于父亲的"背影"，通过对父亲"背影"的几次细致描写，表达了作者对父亲的深切爱意。再比如，当文中的主人公遇到困难时，天气也会变得格外差。通过电闪雷鸣，大雪纷飞，酷热暴晒来烘托人物的伟大，从而表达对主人公的敬佩之情。对事情发生时环境的适当夸张、赋予某种物品特殊意义等方法都可以表达作者的情感。在教学中，教师要引导学生去体会这些片段，去仿写，然后应用于自己的写作之中。第三，就是要勤于练习。教师要抓住能激发学生情感表达的瞬间，让学生学会用文字去记录。如：刚刚开完运动会，你的心情如何？考试后，你觉得对自己所取得的成绩还满意吗？同学之间发生矛盾了，作为当事者你的心情如何？"情动于中而言于外"。抓住这些瞬间，让学生动手写一写，养成用文字表达的习惯，训练次数增加，学生自然就知道该如何去写。

教学实录

四年级上册第八单元习作
《我的心儿怦怦跳》教学实录

教学设计：长春市第一实验中海小学　杨波

课程说明

　　《我的心儿怦怦跳》是统编本小学语文第七册第八单元的习作。在本单元导读页中，对习作方面的要求是"写一件事，能写出自己的感受"。

　　教材安排了三个板块。一是列举"参加百米赛跑""登上领奖台""第一次当众讲事情"等学生生活经历，唤起学生对生活的回忆，关注内心感受，选择写作素材。二是出现"担心""害怕""紧张""激动"等情绪时，引导学生明白"在事情的经过里有我们独特的感受"。三是提供词句资源包，暗含了表达感受的不同角度，比如，心里的想法和身体的感受。旁边的"泡泡儿"中提示学生在学习过程中，要积累生动的语言材料，并运用到本次习作中。

　　统编版教材注重习作教学的序列性。《我的心儿怦怦跳》是在"把一件事情写清楚，尝试写出自己感受"的基础上的发展。在统编版教材中，讲清事情经过从三年级开始训练，一是通过观察把图画的意思写清楚（二单元《看图画，写作文》）；二是借助关联词把过程和变化写清楚（四单元《我做了一次小实验》）；三是从几个方面把一个事物写清楚（七单元《国宝大熊猫》）。

本册教材中的五单元是习作单元，主要训练把事情的起因、经过和结果写清楚，把与事情相关的时间、地点、人物交代明白。五单元的课文《风筝》是按照做、放、找风筝的顺序写的；《麻雀》把作者看到的、听到的、想到的内容都写了下来。六单元习作"多彩的活动"，第一次要求写出当时的心情，最好能反映当时的感受。单元课文《牛和鹅》《和时间赛跑》《滴水之恩》都有人物内心感受的描写。语文园地"词句段运用"中运用动词来写出"害怕"的感觉。这些前置课文、习作的学习训练，为完成习作《我的心儿怦怦跳》奠定了基础。因此，在叙事中写出感受是本次习作的目标之一。

对于四年级的学生来说，写作时间接获得的素材不够充分，所以直接投入生活，积累生活经验、生活表象，形成自己的材料非常重要。本次习作教学，要借助教材内容，充分营造氛围，创造条件，调动学生已有的生活经验。把学生引向真实的生活中，让他们勾起曾经的回忆，用眼睛去观察，用头脑去思考，用心灵去体会。

◇ 教学设计

我的心儿怦怦跳

【教学目标】

1. 回忆自己经历过的"心儿怦怦跳"的事情，讲清楚事情的经过和当时的感受。

2. 从多个角度，运用多种方法，借助资源将"心儿怦怦跳"的感受写具体。

3. 在讲述与写作的过程中感受自己的情绪，并乐于与他人分享。

【教学重点】

回忆自己经历过的"心儿怦怦跳"的事情，讲清楚事情的经过和当时的感受。

【教学难点】

从多个角度，运用多种方法，借助资源将"心儿怦怦跳"的感受写具体。

【课时安排】

1 课时。

【教学准备】

教学 PPT。

【教学过程】

一、走近"心跳"，启发分享【2分钟】

1. 出示表情图片

（1）表情包：用一个字来形容（喜、怒、哀、乐）

（2）表情变化图：用一个词语来形容（惊喜、生气、伤心、快乐……）

2. 谈话导入：每个人都会有喜怒哀乐，不同的情绪就是不一样的自己，不同的情绪背后也会有不一样的情景。今天我们一起聊聊，让"我的心儿怦怦跳"的那些事儿，分享我们当时的感受。

【设计意图："乐于书面表达，增强习作的信心。愿意与他人分享习作的快乐"是课标第二学段习作目标要求。创设真实语境，激发写作动机，关注读者意识，是本次习作的教学起点。】

二、讲出"心跳"，难忘一刻【10 分钟】

1. 列举事例，引出"心跳"

（1）出示书中列举的事例：

参加百米比赛

登上领奖台

参加班干部竞选

一个人走夜路

第一次当众讲故事

在出站口等待久别的爸爸归来

……

小结：梳理出示表达感受的词语：担心、害怕、紧张、激动……

（2）引起共鸣，互相表达：你有过这样的或类似的经历吗？你当时的心情是怎样的？同桌之间互相说一说。

2. 反馈梳理，绘图演示

（1）指名讲述"心儿怦怦跳"的事。（提炼关键词，绘制"心跳图"）

（2）借助"心跳图"讲清事情，找到心儿跳得最厉害的那一刻。

（3）说出那一刻的感受。

（4）做"心跳"标记：哪一刻你的心儿跳得最厉害？标注出来。

3. 自主绘图，说出感受

（1）学生借助"学习指南"完成《学习单》：

学习指南

①讲：讲述一件让你"心儿怦怦跳"的事；

②写：一边讲述，一边提炼关键词，写下来；

③画：根据心情变化，画出"心跳曲线图"；

④标：标出心儿跳得最厉害的时刻；

⑤想：回忆当时的感受和身体反应。

（2）学生根据教师的示范完成自己的"心跳图"（教师巡视，启发指导）

（3）小组内互相交流，推选代表全班交流：指导学生将事情说清楚，理出思路，画出心情变化，找到"心儿怦怦跳"的那一刻，说出当时的感受。

【**设计意图**：事与情总是交织在一起的。"讲清事情"是本次写作的基础，也是学生已有经验；"讲清事情"的同时还能"讲出感受"，能让叙事更精彩，是学生需要学习的新知，是本课教学的增长点。教学中借助形象的"心跳图"让学生用直观的方式体会"事情"与"感受"并进，在讲清事情的基础上聚焦感受，让写作的思维过程变得可视、可触，帮助学生形成习作的能力。】

三、聚焦"心跳"，写出感受【18分钟】

1. 尝试写作，诊断学情

（1）习作提示：停在"心儿怦怦跳"的那一刻，写几句话，想想怎么写能让大家读出你当时的感受。（配乐）

（2）自评展示：对比评价标准，给自己的习作评定一个星级。

（3）交流评价：反馈学生的自评信息，交流可以向三星级习作学点什么?

（4）总结评价：大部分同学都写出了自己的感受，也希望把感受写得更具体一些，怎么做呢？

2. 出示学习方法

以学生习作片段为素材，通过修改的方式为学生梳理出写清楚感受的方法。

（1）出示动态思维导图

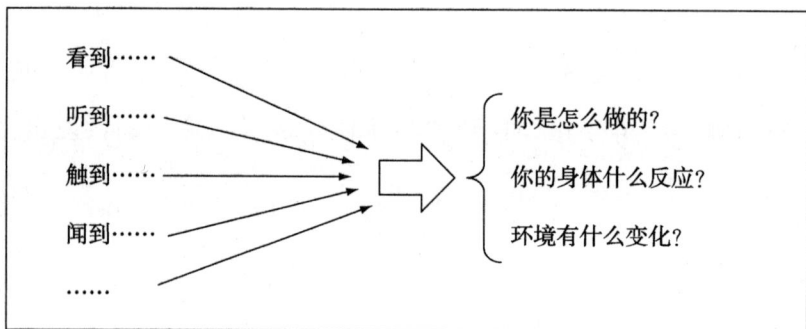

（2）出示词语资料包

不知所措　提心吊胆　心急如焚　胆战心惊　魂飞魄散

脸上火辣辣的　汗毛都竖起来了　倒吸一口凉气

心里打起鼓来　怀里像揣了只兔子　心都提到嗓子眼

十五个吊桶打水——七上八下

①读一读，有什么发现？

预设：都是关于心情、感受、心理活动的词句

第一行是词语，第二、三行是句子（身体的反应），第四行是歇后语

第二行是直接写身体反应，第三行用夸张的语言形象地写身体反应

②想一想：你积累了哪些写心情的词句？

③说一说，与同学分享。

④写一写，把新学会的词句补充在资料包中。

3. 修改习作，学习提升

(1) 根据方法的学习和"资料包"的素材修改自己的习作。

①任务：修改习作。

②要求：写清楚"心儿怦怦跳"的事，把"心跳"的感觉写具体。

③妙招：想象当时的情景，从不同角度写，用上"资料包"中词句。

(2) 自主修改：学生自己修改。

(3) 交流评价：听者有没有一种"身临其境"的感觉？还可以怎么修改？

【设计意图：在叙事中写清楚感受是本堂课的重点目标，借助教材的资料包和学生一起找到从不同角度、用好词佳句可以写清感受，让写作有支架、有抓手。通过微课，整合学生零碎经验，使缄默知识显性化，让部分孩子掌握的知识，转化为大家都可以运用的方法。】

四、总结提升，迁移拓展【1分钟】

1. 写"心儿怦怦跳"要在叙事的过程中写出真实的感受。想象当时的情景，从不同角度，用好词佳句，把当时的感受写清楚、写具体。

2. 在写作分享中，悦纳自己和他人。

【设计意图："作文即育人。"从知识和人文两个方面进行小结：一是可以帮助学生梳理本节课的核心知识点；二是最大限度地激发学生写作的热情，明白写作是为了表达自己，激活他们表达的欲望，在写作的过程中逐步认识自己，悦纳自己和他人。】

五、补充完善，形成文章【8分钟】

1. 补充要素：把一件事写完整，要有叙事的"六要素"，在这段话基础上适当补充说明。

2. 完善首尾：另外，一篇好的文章，一定要有好的开头和结尾。

出示"首尾锦囊"：

开头：

①生活中，我们都会有"心儿怦怦跳"的体验：考试时题目做不出来时，"心儿怦怦跳"；犯了错，去老师办公室时，"心儿怦怦跳"；第一次登台演讲时，"心儿怦怦跳"；比赛后即将得知结果时；"心儿怦怦跳"……

②下午放学后，我怀着忐忑不安的心情走在回家的路上，我不像以前那样和同学说说笑笑地一起回家，每跨出一步也不像往常那么轻松，越靠近家门，我的心跳得越厉害。

③"怦，怦，怦"，你听到我的心在怦怦跳了吗？那是激动，紧张，欣喜的跳动。因为今天我校举行了一次为山区孩子捐款的活动，让每一个困难的孩子有机会走进学堂。

结尾：

①世界上有多少惊天动地的壮举让人内心怦怦之跳，我却认为这一次微不足道的奉献自己的爱心，也一样值得骄傲，让人心儿怦怦直跳。

② 以后，每当我经过那位老爷爷的冰棍摊前，总想把真相告诉他，可这样妈妈……唉，我该怎么办？我那颗一直"怦怦"跳的心儿什么时候才能恢复平静呢？

③直至现在，回味起比赛紧张的场面，我的心还怦怦直跳，仿佛又回到了那个心儿怦怦跳的时候。如果下次再参加比赛，我一定会信心倍增的！

【设计意图：在重点段落的基础上补充完善，形成一篇完整的文章。以点带面，降低写作难度，又突出重点指导。给学生"首尾锦囊"的目的是列举样例，让学生自主发现写作方法，自悟运用写作技巧，变教为学。同时关注不同层次的学生需求，给予适时的资源帮助。】

六、作业设计【1分钟】

根据"首尾锦囊"和实际情况，将段落进行完善和补充，形成一篇完整的文章，修改后读给父母听。

七、板书设计

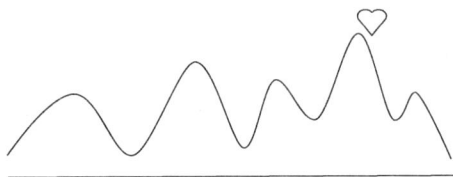

我的心儿怦怦跳

担心
害怕
紧张
激动

◇ 教学反思

《我的心儿怦怦跳》一课教学设计完全基于"课标"中学段目标及本单元导读中"写一件事，能写出自己的感受"。目标明确。本节课的教学设计主要从写作兴趣的激发，写作内容的选择，写作构思的组织和语言表达的指导等方面进行巧妙设计。

一、列举事例，引起共鸣，让学生有事可写

让学生有事可写。写作最重要的是要写出自己的真情实感。真情实感从哪里来呢？那就是现在生活，我们只有在仔细观察现实生活，从生活实际出发，对现实生活进行思考，才能做到表达出自己内心的真实想法。

教材中提供的几个典型事例贴近学生的生活实际，出示事例，能激发学生对画面及情景的想象，引起共鸣，勾起回忆，自然地链接生活经历，找到自己想表达的"心儿怦怦跳"的事情。

二、提炼梳理，绘制导图，让思维有形可见

有话可说，有事可写了，但应该怎么写呢？写作指导要以学生思维的梳理与引导为前提。语文核心素养中思维的发展与建构贯穿整个语文学习中，尤其写作教学。心理描写就是对人物内心的思想情感进行描写。描写人物的思想活动，能反映人物的性格，展示人物的内心世界。恰当的人物心理活动描写能揭示人物的性格特征，反映人物的思想变化，推动情节的发展，深化文章的主题。

本节课中的"心跳图"的演示绘制与学习卡片中的自主绘制过程就是把学生叙述的事情经过"感受"的梳理，关键词的提炼，心情曲线图的辅助及心跳时刻的标注，形象生动地将学生的抽象的思绪情感具体化。"感受写作的思维导图"是巧妙地将看到、听到、触到……的与想到的结合在一起，使"感受"可见、可听、可感，产生身临其境，感同身受的效果。

三、提供资源，出示锦囊，让表达有料可鉴

变教为学，以生为本的教学，要求教师站在学生立场上思考，将学生的需要作为资源提供的目标方向。本课中"资源包"和"锦囊"的适时提供，淡化教方法，具化给素材，尊重了学生的差异和个性化学习需要，改变了学习方式。

这节课下来，学生有内容可写，有素材能写，有方法会写，很好地训练了他们的真实的感受表达。课后，有许多学生表示这样写作文简单多了，也十分有趣。

◆ **专家评课**

长春市宽城区教师进修学校　王娟

　　吕叔湘先生指出："语文的使用是一种技能，一种习惯，只有通过正确的模仿和反复的实践才能养成。"因此我们要用好统编教材，遵循儿童书面语言发展规律，激发写作兴趣，夯实写作基础，层层推进，提升学生写作水平。

　　本节课的教学设计做到了以生为本，以学定教，充分调动了学生的学习积极性，激发并促进了学生的思维发展，将学生那"心儿怦怦跳"的感觉从生活中唤起，从头脑中理顺，从眼前、耳边、心中具化，从笔下真实地流淌出来。这恰到好处的设计源自于教师对教学理念的深入理解，源自于对教材解读的科学有效，源自于对学生发展的关注尊重。习作教学就应该如此"深入浅出"，教师"深入"解读教材与学习规律，在学生学习中适当、适切、适时地"浅出"，才能真正地促进学生语文核心素养的有效发展。

第三节　写人作文的指导方法

　　写人，是中年段作文起步的训练任务之一。教师可以从以下几方面进行训练：

一、用典型事例写人

在记叙文中，人和事是不可分的。叙事类的作文中一定要有人物描写，而写人的作文，一定要通过事情来体现这个人的品质和性格。写人和写事类作文的不同之处在于，写事类作文往往是围绕一件事情进行选材和描写；而写人的作文，有时为了突出人物的品质，可以围绕人物写几件事。有的事情详写，有的事情略写。要注意的是，写人作文在选取事情时，一定要选取典型实例。所谓典型事例，就是能集中反映人物品质、思想的事件。小学中年段，作文刚刚起步，要引导学生从身边的人写起，通过普通平凡的小事，学会"以小见大"。

二、抓住人物特点

我们都知道写好人物要抓住其特点。那什么是人物的特点呢？特点就是一个人与其他人不同的地方。写人时，只有把人物的特点写出来，人物形象才会更加鲜明，阅读的人才有可能存有深刻的印象。中年段学生在一开始写人物时，往往会千篇一律。"水汪汪的大眼睛、圆圆的脸蛋、黑黑的头发"，这样的描述，人物是无法区分的。所以要引导学生抓住特点去观察，再进行写作。在抓住人物特点这方面，最容易抓住的是人物的外貌特点。因为每个人的外貌都有着与别人不同的特点，这是用眼睛就可以观察到的。善于抓住外貌特点进行描写，是写人作文最常用的方法。首先，教师可以从这一方面先进行练习。部编版教材就是从人物外貌特点，开始引导学生学习描写人物的。二年级下册的写话"我的好朋友"就要求学生观察、描写好朋友长什么样，三年级上册的"猜猜他是谁"更要求学生不能说出所写人物的名字，通过抓住人物的外貌特点，让大家猜一猜所写的人是谁？这在引导学生抓住外貌特点描写人物的同时，也为学生们的写作增添了乐趣。外貌描写主要包括人物的容貌、身材、衣着、表情这几方面。外貌描写切忌面面俱到，又大致相同，这样会难以进行区分。因此要仔细观察，抓住人物所特有的外貌特点，抓住特点鲜明的地方进行描写。比如写人的眼睛，有的人是丹凤眼，有的人是三角眼，有的人是杏核眼；眉毛也分卧蚕眉、柳叶眉、剑眉等；再比如头发，有白发苍苍、有灰发、卷发、黑发等，各不相同。在描述的过程中，最好按一定顺序，遵循从整体到局部，从上到下的方法。在写到具体某处时，可以采用比喻的手法，使人物更加形象逼真。比如：他的发型独具特色，留着头顶圆圆的一圈，其他地方都剃干净了，好像扣了个茶壶盖。当然外貌描写要为表达文章的中心思想服务，决不能仅为描写外貌而描写。

其次，要想写好人物，还应抓住人物的语言特点。不同的人物，在年龄、性别、阅历、职业、性格等方面存在差异，在语言表达上就会有不同的特点。正所谓"言为心声"，就是说语言是思想的直接表达，语言最能揭示人物的思想面貌和内心感受。比如小孩子说话，天真烂漫，口无遮拦；老年人说话有年代感，有时候还会唠叨啰唆；农民工说话爽朗直白；知识分子说话内涵深厚。人物语言描写，要写出人物的独白、对话，同时要将人物说话时的表情神态、动作语气恰如其分地表达出来。只有这样读者才能更好地理解其中的含义。

第三，动作是人物性格的具体体现，一个人的思想和品质，总是表现在行动上。所以，动作描写对刻画人物起着重要的作用。人在做事的时候会有很多的动作，我们要选取那些关键性、最有意义的动作来写。写动作时要选用恰当的动词，用心体会和揣摩。必要时还可以进行模仿，从而选用最准确的动词。比如同样是拿东西，小的物品，可以用拎、提，大点的物品要用搬、抱。再大些的就要用抬。着急时走路一路小跑，快乐时走路连蹦带跳，思考问题时走路是慢悠悠的。恰当地选择动词，可以看出一个人的年龄、身份和内心活动。在描写人物活动时，如果是与文章中心紧密相连的动作，要注意其连贯性。每个动作的细节，都要写出来。就像《羿射九日》中"他登上了一座大山，搭上神箭，拉开神弓，对准天上的一个太阳，嗖的就是一箭"，就把后羿射日的过程通过一连串动作描写出来，一气呵成。动作描写包括两个方面，一是要写出"做什么"，二是要写出"怎么做"。描写人物动作。要先明确这一动作描写是为对应体现人物的什么特点，然后再选择相应的动作来写，这样才利于中心的表达。

第四，人物的心理活动，往往最能体现人物思想和品质。深入到人物的内心深处，写出内心的所想、所感。通过将人物的心理状态、思想活动和复杂的情感的展示，使人物形象更加丰满、生动。心理描写分为直接描写和间接描写。直接描写一般是写自己的心理活动，平铺直叙，直陈心意。自己怎么想就怎么写，将内心的真实感受描绘出来。间接描写是描写他人，通过人物的表情、神态、动作、语言表现出人物当时的心理活动，是焦急，还是忐忑、高兴……心理描写的主要作用是写出人物复杂、曲折而又微妙的感情，为突出中心思想服务。在人物遇到困难的时候可以描写心理活动，在人物左右为难时可以描写心理活动，在人物准备做出某种决定的时候也可以描写心理活动。

三、选择描写角度

写人作文，描写人物的方式，从描写的角度划分，可以分为正面描写和侧面描写。正面描写是对人物做正面的刻画，直接把人物的外貌、心理、语言和行动等方面呈现在读者面前。描写的角度不同，选择的材料就不同。如《刷子李》中"只见师傅的手臂悠然摆来，悠然摆去，如同伴着鼓点，和着琴音，每一摆刷，那长长的带浆的毛刷便在墙面啪地清脆一响，极是好听。啪啪声里，一道道浆，衔接得天衣无缝，刷过去的墙面，真好比平平整整打开一面雪白的屏障"就是正面描写。

侧面描写，是指对描写的对象，不做正面的描绘，而从其他人物、事物的描绘、渲染中，烘托描写的对象。从而获得独特艺术效果的方法。简言之，侧面描写就是通过对被描写对象的周围效果的渲染，来表现被描写对象的一种表现手法，又叫衬托法。同样是《刷子李》，文中的四处黑衣服的细节描写，就是侧面描写。文章开头是从传说写起的："最让人叫绝的是，他刷浆时必穿一身黑，干完活，身上绝没有一个白点。"通过这一段文字的描写，把主人公特立独行的形象展示得活灵活现，立刻吸引读者，吊足了大家的胃口。接下来写徒弟亲眼所见："干活前，他把随身带的一个四四方方的小包袱打开，果然一身黑衣黑裤，一双黑布鞋。"这段描写印证了传闻，但也让小徒弟半信半疑。随着故事情节的展开，让小徒弟担心的事情发生了："当刷子李刷完最后一面墙坐下来，曹小三给他点烟时，竟然看见刷子李裤子上出现一个白点，黄豆大小。黑中白，比白中黑更扎眼。"看到这里，读者刚刚建立的对刷子李的敬佩之情轰然而塌。但正在大家遗憾之际，作者又写道："说着，刷子李手指捏着裤子轻轻往上一提，那白点即刻没了，再一松手，白点又出现，奇了！他凑上脸用神再瞧，那白点原是一个小洞！"这一波三折的描写，使刷子李的"奇"得到了一次次的渲染，衬托出刷子李刷墙技艺的高超。

四、巧用人物对比

人物对比，是把具有明显差异的两个人物安排在一起，进行对照比较的表现手法。如《威尼斯商人》，文学巨匠莎士比亚把宽厚仁爱的富商安东尼奥和吝啬冷酷的商人夏洛克放在一起，进行对比描写。前者为了资助好友巴萨尼奥向一位继承万贯家财的美丽女郎鲍西娅求婚，以他那尚未回港的商船为抵押品，向后者借三千块金币。后者因为前者借钱给人不要利息，影响高利贷行业，又因侮辱过自己，所以仇恨他。正好乘签订借款契约之机，设下圈套，以"逾期不还割下一磅肉"为条件伺机进行报复。像这样，通过对同一件事物不同人物的不同反应进行对比描写。使高尚的人展现得更加高尚，卑鄙的人也更加卑鄙。在教学时，教师可引导学生在描写人物时也使用这种方法。如在描写"清洁工"时，可以这样写："下水道不停地往上返着脏水，臭气熏天，行人们都纷纷掩住鼻子绕道而行。只有他蹲在地上，手里拿着一根钢钎，不停地捅着入水口，还时不时地用手将令人作呕的垃圾掏出来。"这样将行人的反应和清洁工作进行对比，使得人物的形象更加鲜明。再运用对比描写的方法时，还可以对同一人物在不同时期或不同环境下的不同表现进行对比。如在写妈妈这一个人物时，为了赞扬她为灾区捐款的无私行为，可以先写她平时的节俭，甚至在夏天里连一杯饮料都舍不得买，衣服也总是穿旧的，还总是到处捡废瓶子，别人都说她"小气"。然后写她竟然在商场举行的捐赠灾区活动中拿出了三千元，接着当记者进行采访时，又引出妈妈原来经常捐款、无偿献血，在她"小气"的背后是无私奉献。在写人之时，我们将人物置身于具体事件当中，运用对比手法，对不同人物之间或同一人物前后的态度、表情、神态、语言、动作等进行细致描绘，可以凸显人物个性，突出人物形象。

总之，要想写好人物，就要抓住人物特点。选择好描写角度，选出最能表现人物特点的具体事例。恰当地运用对比、烘托等手法，所写的人物就能活起来，变得有血有肉，形象生动。

教学实录

三年级语文下册第六单元
《身边那些有特点的人》教学实录

吉林省第二实验学校小学部 马建梅

课程说明

部编版三年级语文下册第六单元，围绕"多彩童年"这一主题，安排了《童年的水墨画》《剃头大师》《肥皂泡》《我不能失信》4篇课文，本单元的习作要求是"写一个身边的人，尝试写出他的特点"。

低年级时学生介绍过自己，介绍过自己喜欢的人。在此基础上，三年级下册中安排了介绍身边有特点的人这一内容，可以说是水到渠成。教材的第一部分，首先呈现了一系列表现人物特点的词语，这些词语不仅活泼俏皮，还鲜明地揭示了人物特点：有表现人物性格的，也有表现人物品质的，还有表现人物兴趣和爱好的。它们来自学生生活，富有生活气息。接着教材设计了两个层次的问题，第一层次围绕教材所给词语进行讨论，让学生说一说教材中的词语，让你联想到谁，再说说为什么；第二层次启发学生不局限于教材，把视野放宽，说说还能联想到哪些词语，哪些人。

根据提示内容，既可以通过具体事例来表现人物特点，也可以通过人物的一系列活动来写人的特点。习作写完后，教材要求用上表现人物特点的词语给习作起个适当的题目，并提供了具体的范例。最后教材提出了评价的建议，让学生写好习作，给你写的那个人看看，并听取他人的评价，看是否抓住了人物特点，目的在于提高学生的交流意识。

◇ **教学设计**

身边那些有特点的人

【教学目标】

1. 理解什么是人物特点，用具体事例展现人物特点。

2. 初步领会描写人物的基本要领：抓住人物的外貌，性格、兴趣爱好等方面的特点，按一定顺序写下来。

3. 能给习作取一个能表现人物特点的、精彩的题目。

【教学重点】

学会抓住人物的外貌、性格、兴趣爱好等特点，准确真实地描写人物形象。

【教学难点】

抓住人物的外貌、性格、爱好兴趣等，用具体事例把人物特点表现出来。

【教学准备】

教学 PPT，习作例文。

【教学时数】

1 课时。

【教学过程】

一、复习导入，揭示课题

1. 同学们，还记得我们刚刚学过的课文《剃头大师》中的小沙吗？他有什么特点？

（他天生胆小，怕鬼，怕喝中药，怕做噩梦，还怕剃头。）（大屏幕出示）

2. 看到"胆小、怕鬼、怕喝中药、怕做噩梦、怕剃头"这些词语，我们就会想到——小沙。很多人都像小沙一样，有鲜明的特点。在我们身边，每个人的特点也各不相同，有的热心助人，有的爱管闲事，有的爱打篮球，有的乐天爱笑……那么，你想介绍身边哪个有特点的人呢？（板书课题：身边那些有特点的人）

（预计 2 分钟完成）

【设计意图：从本单元刚学习过的课文入手，学生印象深刻，可以起到正向迁移的作用，从而引出课题。**】**

二、词语联想，分析特点

1. 我们来看看大屏幕上的词语，你能想到哪个人物？

火眼金睛　疾恶如仇　七十二变　喝酒吃桃　——孙悟空

2. 我们来看这几个词，分别从哪些方面介绍了人物特点呢？

"火眼金睛"是说——外貌（板书外貌）

"疾恶如仇"是说——性格（板书性格）

"七十二变"是说——本领，也可以说是特长（板书特长）

"喝酒吃桃"是说——爱好（板书爱好）

小结：人物的外貌、性格、特长、爱好等都可以反映出他的特点。

3. 为什么看到上边这四个词，我们联想不到唐僧和猪八戒呢？

（因为唐僧和猪八戒不是这样，这些只有孙悟空具备）

小结：特点，就是一个人独有的，与众不同的地方。

（预计 3 分钟完成）

【设计意图：通过词语引导学生联系耳熟能详的人物形象，激发学生的学习兴趣。精心选取了不同方面的词语来表现孙悟空的特点，让学生初步感知人物的特点是多方面的，可以关注人物的外貌、性格、爱好、特长等，拓宽学生的思路，进一步理解特点是指与众不同的地方。】

三、抓住特点，引导观察

1. 老师和同学们相处三年了，你们看老师有什么特点，可以用哪些词语来概括？

（美丽大方、排球健将、幽默风趣、爱好读书、性格开朗、特别爱笑等，在与学生对话中，提示或修正学生的汇报）

2. 我站在你面前，其实最好介绍的就是我长相上的特点，你们看可以怎样介绍我呢？

（先请表达一般的同学来说，如老师高高的个子，一双明亮的眼睛，戴着眼镜，红润的嘴唇等。）

指导：你说的这些好像王老师、李老师也是这样，特点就不够鲜明。可以放大我的一个五官来介绍。我们得怎么办？对，仔细观察。

（通过不同学生的汇报，完善出有特点的一段话：老师的眼睛圆圆的，看着我的时候，明亮有神，眼珠转动起来，感觉带着盈盈笑意。一副黑框眼镜一点也阻挡不了老师的视线，她要是发现你上课走神了，就盯着你看，直到你坐正为止。）

小结：看，这就是通过认真的观察，抓住人物的外貌特点了，写外貌，可以放大两三处，不用面面俱到。这下你会写别人的外貌了吗？

3. 其实老师最大的特点是喜欢看书，你们知道吗？知道的同学说一说你是怎么发现的？

（学生一定说得比较简单，比如到办公室看到老师在读书，早晨到校后，和同学们一样拿着书来看等）

这些事例还不能说明老师酷爱读书。你们想了解我怎么爱书的吗？应该怎么办？——提问题，问询。可见，要了解一个人，写好一个人，只是观察还不够，还要和这个人多接触，多询问。询问也是最好的观察方法。

谁来问？

（老师你喜欢看哪些书？你的读书故事有哪些？为什么喜欢读书？）

4. 师生对话，老师挑重点问题——读书的故事来做具体讲解。

教师口头作文：我特别爱看书，小时候没有丰富的读物，所以每当借到或者买到一本喜欢的书，一定一口气把书读完，就是再厚的小说，也不舍得间断。妈妈不让我没完没了地看书，担心影响功课，所以我一放学马上就开始写作业，然后把写好的作业摆在妈妈面前，得意扬扬地说："作业都写完了，这下可以看书了吧？"妈妈无可奈何，唠叨着："别看起来没完，也不帮我干点活。"妈妈不知道这书中的乐趣可是比干活多多了。

夜幕降临，可是我仍然沉浸在书所描绘的故事里，妈妈喊我吃饭了，我端起饭碗，随意夹了点菜，狼吞虎咽吃起来，吃了什么似乎也没有尝出味道。一碗饭吃完，我把碗筷一推，又一头扎进了书里。夜深了，关了灯，我还回味着书中的情节，抓耳挠腮，心想：正看到关键的地方，主人公的命运怎样了？他能克服困难取得胜利吗？想到这，我再也躺不住了，悄悄起来，打开手电筒，借着微弱的光继续读着。就这样，我把自己好好的一双眼睛弄得戴上了眼镜。

听了老师的讲述，你了解我的特点了吗？说说老师是怎么把特点介绍具体的？

（举具体的事例）

在描述具体事例的过程中，哪些地方给你留下了比较深的印象？

"作业都写完了，这下可以看书了吧？"这一句是写人物的语言；

"随意夹了一点菜，狼吞虎咽地吃了起来。"这是写人物的动作；

心想那一段写的是人物的心理活动。

小结：在举具体事例的过程中，我们要抓住语言、动作、心理活动来写，这样就更生动具体，真实可信。（板书：语言、动作、心理活动）

（预计13分钟完成）

【设计意图：观察是写作的基础，中年级学生不善于观察，不会抓特点，所以笔者设计了引导学生抓住外貌特点的方法，集中笔墨，突出两三个相貌上的特点进行放大，这样人物形象就鲜明了。同时强调写外貌时不要面面俱到，什么都写，就什么也不突出了。用一件具体的事例来表现人物特点，是本节课教学的重点，通过教师示范，帮助学生提炼出写好具体事例的方法：抓住人物动作、语言和心理活动，事件就能写得详细具体。】

四、明确任务，选材构思

1. 出示课文中词语（大屏幕显示课文截图，气球上的词语）。同学们，读读书上给出的词语，说说什么是"乐天派"和"智多星"。（乐观开朗、聪明有智慧）其他词义都理解吧？

2. 你由哪个词联想到身边的人了？说一说理由。

（学生自由汇报，教师要及时追问想到这个人的理由，这个人做了什么事，还有能说明他这一特点的事件吗?)

3. 除了黑板上的词，你还想到了哪些词? 可以用在谁的身上? 连起来说一说。

4. 如果我们要完成这次习作，有哪些要求呢? 请同学们打开书，读读内容，说说你明确了哪些要求。

课件出示:

习作要求:(1) 写熟悉的人。

(2) 语句要通顺。

(3) 用一件事来写，如果用多件事也是展现一方面的特点。

(4) 抓住人物特点。

5. 你想写谁? 让你印象最深的特点是什么? 你想写他的什么事? 和同桌相互说一说。(同桌交流，教师巡视指导)

6. 学生汇报。教师相机指导:如何把事件写清楚，要把事情的起因、经过、结果介绍出来，尤其事情经过要写详细。

7. 你能给你的习作起个恰当的题目吗? 如"家有虎妈""我班的小书迷""抠门奶奶"等。

(预计 12 分钟完成)

【设计意图】:结合教材中的内容来理解这次习作的内容和目的。先出示词语，让学生说说有没有不理解的词语，明白了词语的意思，才能正确联想。有了前边的铺垫，学生的联想就会水到渠成。重点指导学生由词语联想相关的人，相关的事件。毕竟所给词语有限，所以还要进一步让学生结合生活实际来添加词语，让身边的人和事更清晰。这个环节不能一带而过，要帮助学生选择材料。教师要引导学生根据书中的提示整理出具体习作要求，这也是逐步让学生学会审题的过程。】

五、学生习作，交流修改

1. 学生开始动笔习作，教师巡视指导。

2. 学生完成第一个段落后，分别叫不同程度的学生读一读，教师及时点评，让同学间相互借鉴。

（预计10分钟完成）

【设计意图：万事开头难，学生动笔习作，可以汇报确定的题目，相互借鉴，特点不鲜明的及时订正。第一个段落基本是人物的外貌描写，这部分要落实方法。通过学生交流，让不同程度的学生都有提高。】

六、完成习作，分享乐趣

请同学们课后完成这篇习作，把写好的习作读给所写的人，或者爸爸妈妈听一听，与他人分享习作的快乐，并且再一次修改自己的习作。

【设计意图：这可以说是作业要求，一节课40分钟不可能完成整篇的习作，要指导学生课后完成，或者再用一节课的时间写完。学生写好后，让学生在读给别人听的过程中发现问题，接受被人的修改建议，再次对习作进行修改。】

六、板书设计

身边那些有特点的人

外貌	外貌描写
兴趣	动作描写
爱好	语言描写
特长	心理描写

❖ 教学反思

设计三年级这节作文课我颇费了些心思，让学生来写一个人，往往千人一面，千篇一律，人物缺乏特点，就不够鲜活。如果学生能深入观察，激活自己的想象，把生活和习作紧密相连，就会达到事半功倍的效果。

在教这节课时，总体上来说学生学得兴趣盎然，从学生熟悉的小说中的人物入手，引起学生的共鸣，让学生在有话可说中，完成人物的描摹和刻画。我觉得这堂课有这样几个特别得心应手的地方：

一是开课导入部分，特别生动有趣，学生一下子就抓住了人物特点，猜出了经久传阅的形象，不仅仅停留在让学生猜形象上，而是进一步引导学生这是从哪个方面来刻画人物的，不着痕迹地向学生渗透了写人的方法是有规律可以遵循的。这是本课教学中的一大亮点。

二是现身说法，让学生先观察老师，从外貌入手，从动作入手，这些还不够，还从故事入手，其实就是老师在通过下水文的方式，帮助孩子打成通过具体事例来描写人物特点的方法。所以这一环节的设计也是很有深意的。因为日常习作教学中，三年级学生最大的问题就是素材积累不够，不会观察，不能把事例写具体。老师的示范，很好地解决了这一问题。

三是通过概括性的词语定点定位让学生对号入座，由词联想人，把词语具象化。指导学生进行学法迁移，用上刚才的方法来介绍人，抓住人物特点。在启发追问中，帮助学生把事件说具体。先让学生自己练说，然后同桌间相互说一说，看看他说得像不像，是班级的哪位同学。为最后成为打基础。

当然这节课中也充满遗憾：

一是在引入部分过长，课文是学过的文章不必让学生再从头读到尾，占用了时间，可以通过默读回忆的方式，让学生直奔主题去讲自己的想法，这样就为后边学生更多练习说话留出了时间。

二是教师的下水文趣味性不强，显得平淡了一些，所以学生在选择材料的时候会受到局限，那些有代表性的材料不一定能选出来，所以写出的文章就不丰富多样。今后不能用下水文限制学生的想法。

语文教学是有缺憾的艺术，正因为如此，才更吸引我们去追寻。

◇ **专家评课**

长春市宽城区教师进修学校　王娟

三年级的学生写人不是第一次接触，但是抓住特点来写人，是新的要求，体现了部编教材的特点：知识是前后关联，螺旋上升的。很多习作课，就教材讲教材，直接出示词语，让学生联想人，然后再说事，最后成文。学生觉得枯燥，难度大，没有很好地体会写人的文章是有具体方法可以遵循的。那样往往是教师稀里糊涂教，学生稀里糊涂写，结构差强人意。

这节习作课让我们看到了很多亮点。

其一，贴近学生生活，创设作文起点。

教者开始就出示了本单元《剃头大师》的开头一段，激发学生鲜活的记忆，让学生一下子明确了"胆小、怕鬼、怕做噩梦、怕剃头"这就是人物的特点，多么鲜活，多么具体。哪些是人物的特点？人物的特点可以从哪些方面来表达？这是教者着力要解决的第二个问题。她巧妙地出示了四个词——"火眼金睛、疾恶如仇、七十二变、仙桃美酒"，帮助学生提炼出人物的特点可以从这样几个方面来表述：外貌、性格、爱好、兴趣、特长等。这样学生的思维就被激活了，既不会不着边际地乱想，也不会枯竭茫然。入题巧妙，既激发了学生的学习兴趣，又不着痕迹地传授了语文知识。从学生的积累中来，从学生熟悉的事物作为习作教学的起点，符合学生的认知规律和年龄特点。妙趣横生，引人入胜。

其二，指导学生观察，突破习作关键。

观察是习作的基础，福楼拜曾指导他的学生莫泊桑学会观察：当你走过一位坐在他门口的杂货商面前，一位吸着烟斗的守门人面前，一个马车夫的面前的时候，请你用形象的手法描绘出包藏着道德本性的身体外貌，使他们与别的杂货商、守门人、马车夫不相同。这就说明观察要细致，并能抓住特点。教者在指导学生观察时，围绕老师来进行，形象可感，每个人都熟悉，都有话可说，最可贵的是对外貌描写的指导恰如其分，低年级的学生掌握了这样的方法，经常练习，就会把人物写生动。

观察不仅是用眼睛看，还要多问多交流。听到的故事也是习作的好素材。为了让学生明确用具体事例来写人这一手法，教者以自己的亲身经历来讲述，这就是帮助学生选择材料的过程。材料有了，但三年级的学生往往写不具体，三言两语就结束了事件。我们可以看到教师口头示范下水文后，和学生一起分析哪些地方给你留下了较深刻的印象，这样自然而然地引出，要写好这件事，要突出人物的特点，就要写好动作、语言和心理活动，有效地避免了学生习作空洞，无话可说，凑字数的现象发生。

其三，引导学生审题，明确习作指向。

很多老师授课时不是只围着教材讲，就是抛开教材另立一套，这两种做法都是不对的。我们欣喜地看到，教者突破了难点之后，回归到课本中，让学生读词语，理解词语包含的内容，再进行联想，说说想到的人和想到的事，有了前边的铺垫，这次学生再说，基本能说出围绕特点的具体事例。为了让学生的习作更丰富，更深入挖掘学生的日常体验，教者及时拓展，让学生再丰富词汇和联想，目的在于让学生把目光聚焦在熟悉的人和事上。

然后通过读教材，帮助学生层层剥茧，明确本次习作的主要要求，虽然教者未提审题，但这个过程，就是帮助学生审定题目，知道写什么，怎么写。

纵观这节课，教师聚焦一个教学目标，层层展开教学板块，努力激发学生的习作兴趣，利用学生的现有体验，既扎实有效，又新颖生动，值得借鉴的地方很多。

第四节　状物类作文的指导方法

状物类作文，是小学作文训练的一个重要项目。从二年级上册的写话"我最喜欢的玩具"到"介绍一种事物"都是有关写物类作文的训练。所谓状物，就是让学生用生动、形象的语言去描写物体的特征、形态、色彩等。这个物包括静物、动物、植物三类。状物类作文，是以"物"为描述的中心和文章的线索。在写清"物"的外形的同时表达自己的情感，或寓情于物，或托物言志。状物类作文，根据所写物品类别不同，指导方法也不一样。

一、静物描写的指导方法

静物是指静止的物体。小学生常见的描写对象有玩具、文具、生活物品等静物。描写静物要抓住特点，这个特点就是物体之间的不同，即使是同一种物品，也会有某些区别。要想做到这一点，就要引导学生学会认真观察，只有观察到位，才能准确抓住物品的特点。观察静物的特点，首先，可以从物品的大小、形状、颜色、质地（制造材料）、结构、用途等方面进行观察，这是最简单直观的，一眼就可以看到的。如"俄罗斯套娃是用木头雕成的，里里外外共有五个，最大的有 20 厘米高，最小的只有 6 厘米高。除了最小的那个，其他都会'生'娃娃。它们都像鸡蛋似的，上面又尖又小，下面又胖又圆，头在上，脚在下，用手轻轻一碰就会左摇右晃，但不会倒下。这一点和中国的不倒翁一样。每个套娃的头发都是褐色的，黑黑的眉毛下面有着一双大大的眼睛，长长的睫毛，红红的嘴充满了笑意。腰部挎着一个粉色的竹篮，里面有许多的鲜花，竹篮里还卧着一只雪白的小猫，甚是乖巧可爱。"在这段文字中，作者主要描写了"俄罗斯套娃"的大小、形状、颜色、花纹，这是常见的状物类作文描写方法，也是状物类作文不可缺少的部分。中年段教师一开始训练时，可采用"图片法"在大屏幕出示静物的照片，让学生用自己的语言描述。通过描述整理出观察的顺序，可以是由上至下。然后让学生运用这种方法，观察教室中的其他物品。再描述给同桌听，让他猜一猜自己描述的物品是什么，用这种方法训练学生描述的准确性是很有效的。

其次，引导学生调动眼、耳、口、鼻、手多种感官进行观察。面对一个静止的物品，能远远看见的是物体的形状、颜色，如长短、方圆、肥瘦、大小等因素；走近细看，能看清物体的质地，是金属、塑料还是木头。再近些，方能看到物体的花纹、布局、结构。拿在手里把玩，才能了解物品的内部结构。用一用，才知道物品的功能、用途。如果观察对象是水果，还得闻一闻、尝一尝才知道滋味。香蕉的软绵，苹果的脆甜，橘子的酸爽，各有不同，这些都要通过味觉才能体验出来。如果是带有声音的物品，我们还可以听一听，八音盒的音乐声、闹钟的响铃声、文具盒开关的声音，都要通过耳朵才能听出来。除此以外，我们还可以用手去感觉物品的软、硬、粗糙、细腻程度。文具盒是光溜溜的，毛绒玩具是柔软的，钢笔是硬邦邦的。在开始训练时，可以同时观察一件物品。例如一件毛绒玩具，将之放置在讲台上，引导学生动用多种感官进行观察。应当注意的是，在观察的同时，还要引导学生梳理观察的顺序。这个顺序要遵循人接触物品的规律去进行观察，"由远及近""从上到下""由外至内"。只有这样，在描写时才能按照从整体到部分再到整体的顺序，将物品描写清楚。

第三，静物描写的选材很重要。在小学阶段一般都是从身边的物品写起，玩具和文具是最常见的描写对象。因为它们随处可见，而且是每个学生都拥有、熟悉的。中年级是作文的起步阶段，一开始教师要引导学生选择那些造型与众不同，色彩鲜明，结构简单的物品作为写作对象。这样就不至于出现因物品复杂而无从下手进行观察，描述起来顾此失彼，难以形容的现象了。在这一阶段，还存在观察不够细致的问题，由于学生年龄小，观察能力弱，往往会忽视细节。虽然有的物品天天陪伴在身边，貌似极其熟悉，可当让他们描述时，却只能说出大致的形状和样子。写起来更是只有一两句话。面对这种情况教师应采取措施。为了让学生学会观察，教师可以让学生将描写对象带到教室中，一边观察，一边向同桌描述，然后由同桌进行提问、补充。还可以开展小游戏，将几件特征明显的物品摆在展台上，让一名同学描述，在不说出物品的名称的前提下，通过对形状、颜色、外观、结构等方面的描述，让大家猜猜是哪个物品，用这种办法既可以引导学生观察物品的细节，又让学生学会取舍那些不属于特点的部分，做到详略得当，重点突出。

第四，静物描写要展开想象，融入情感。前文提到的状物类作文，是以"物"为描述中心和文章线索，在写清"物"外形的同时要表达自己的情感。或寓情于物，或托物言志。在描写静物时，要想做到描写清楚并不难，难的是融入自己的情感。只有让没有生命的静物动起来，才能使读者产生身临其境的感觉，充分体会思想感情。要想让静物动起来，首先就要展开想象的翅膀，运用合理的联想和拟人等表现手法。把描述的对象当作朋友来写，自然也就拉近了作者与它之间、读者与它之间的距离，产生亲切感。如《我的青蛙橡皮》一文，小作者由可爱的"青蛙"的外形，联想到《小青蛙》儿歌；由"小青蛙"橡皮擦擦掉错别字，联想到就像青蛙在田野里捉害虫一样。两只"小青蛙"都是在为人民无私奉献，一个是田野的保护神，一个是我学习的保护神；结尾用梦境中青蛙说话的情节，来督促小作者认真书写，少出现错误，这样它就能陪伴我更久一些。这样的想象合情合理。文章字里行间表达了小作者对"小青蛙"橡皮的喜爱之情，让人产生共鸣，身临其境。要想把静的事物写出动感来，还要避免使用说明性文字，不能像产品说明书那样，一一进行分解描述。如在写《我的玩具车》时，有个学生这样写道："它的外形是长方形的，颜色是蓝绿相间的。它的结构分为三部分，车头、车身、车厢。车头方方正正的，前面有两个大灯；车身底部有四组轮胎，每组都有两个轮子并排组成；车身上面后面是车厢，车厢旁边有个按钮，一按它车厢就会升起。"在这段文字中，小作者是将玩具车所有的特点都罗列出来了，但总觉得缺少了点"趣"味。文章干干巴巴，没有吸引力，让人不想继续读下去。经过教师指导，修改后是这样的："我的玩具车——钢铁侠，是舅舅送给我的生日礼物。从我看见它的第一眼就喜欢上它了，从此以后我俩形影不离。它身披一件蓝绿相间的风衣，方方正正的头上有两只闪亮的大眼睛，遇到危险时还会放出红色的光芒。它有一个强壮的身体，身背一个大车厢，按动按钮还会倾斜，方便往里装东西，脚踩由八个轮胎组成的四组风火轮，开起来健步如飞。"经过修改后，作者不但交代了这件玩具的来历，还把玩具车想象成一位"钢铁侠"，是自己的好朋友。这样由"物"联想到"人"，把没有生命的东西赋予生命，并且融入自己的喜爱之情。合理的想象超越了时间和空间的限制，为文章增添了趣味性和可读性，使人读后也不由得对物件产生喜爱之情，产生了作者与读者共鸣的效果。

古人云："假物以托心。"借物寄情，是状物类作文的常见表现手法。一般来说，之所以会选择这件物品进行观察和描写，总是会有些情感因素在里面的。或是它给你带来帮助，或是它给你带来了乐趣，或是它陪伴你克服困难，或是它是你的亲人送给你的礼物，让你"睹物思人"，或是它有某种纪念意义……因此，在详细地描写一件物品时，总是有"言在物外"的用意。如诗人李白所写的《古朗月行》前四句："小时不识月，呼作白玉盘。又疑瑶台镜，飞在青云端。"写出了儿童时期对月亮稚气的认识，以"白玉盘""瑶台镜"作比，生动地表现出月亮的形状和月光的皎洁可爱。"呼""疑"这两个动词，传达出儿童的天真烂漫之态。接着，又写月亮的升起："仙人垂两足，桂树何团团？白兔捣药成，问言与谁餐？"运用这一神话传说，写出了月亮初生时逐渐明朗和宛若仙境般的景致。然而好景不长，后四句表达的情感则急转直下："蟾蜍蚀圆影，大明夜已残。羿昔落九乌，天人清且安。阴精此沦惑，去去不足观。忧来其如何？凄怆摧心肝。"月亮被蟾蜍所啮食而残损，变得晦暗不明。现实中缺少像后羿这样的英雄，所以百姓们生活在水深火热之中。诗人借月亮的圆缺，预示国家的烽烟四起，动荡不安。同样，在指导学生写状物类作文时，教师也可以引导学生"借物寄情""托物言志"。如写红领巾，可以联想这是红旗的一角，是无数烈士用鲜血染成的。从我们戴上红领巾的那一刻起，就肩负着保护它、为它增光添彩的责任。但要注意的是不能喧宾夺主，要在描写物品的字里行间中相机表达，这就要求学生在动笔之前，先理清思路：我要写的这件物品外形有哪些特点？有哪几部分要重点描写？内部结构和功能、用途上又有什么特点？在作用上又有什么可以夸张或联系到某种情感志向的？想好了再写，文章就会生动具体，动情入理，更容易引起读者的共鸣。

总之，写静物类作文在指导过程中的诀窍就在于引导学生做到"巧选材料按顺序，抓住特点细观察，大胆想象表情感，妙用拟人添趣味"。做到了这些，学生笔下的物品就变得灵动，具有生命力，自然就能顺利写出描写静物的文章。

二、植物描写的指导方法

描写植物的状物类作文和静物类不同之处在于植物本身是具有生命力的，但这种生命力和动物相比又相对静止，比较容易观察。学生的家里一般都会养上一两盆花草，教室里也会有绿色的植物，操场上随处可见的花草树木，都可以作为他们观察的对象。本来这类作文应该很容易指导，可是在具体教学中，教师会发现孩子们对植物并不感兴趣。因为常见，自然就不觉得有什么稀奇，更没有描写的兴趣，也就无话可写。那么该怎样指导学生写好植物呢？

首先，要激发学生的写作兴趣。孩子们之所以不喜欢写植物，是因为他们往往没有种植的经历。因而只看到了植物的"形"，没有感受过植物的"生长"。要想让学生对植物感兴趣，有话可写，就要让他亲自参与植物的生长。教师可以准备一个透明的瓶子做成花盆，春天的时候和学生们一起播种，共同见证植物的生根、发芽，再共同为植物浇水、施肥、除虫。让学生将此过程记录下来，写成观察日记。当学生们看到自己亲手种下的种子发芽了，钻出土壤了，他们必然欢呼雀跃；当植物长出第一片嫩叶，他们就会像呵护婴儿一样，小心翼翼地浇水；当植物生虫时，他们又要想办法除虫；当植物开出第一朵花、结出第一个果实……这一幕幕都深刻地印在他们的头脑之中，再下笔写作时，就有素材可用。所以要想激发学生对植物描写的兴趣，最好的办法就是带领他们一同经历植物完整的成长历程，即使最终植物并没有按照设想的那样健康长大，或是因为水土不服而夭折，或是因为病虫害造成枯萎，或是因为其他因素体验没有成功，也不要紧，因为孩子们在养育的过程中，对植物有了细致的观察，有了情感，写作起来就容易很多。在课堂上指导写作时，教师可在动笔前，出示植物生长每个阶段的图片，带领学生回顾，先用语言进行描述，然后动笔开始写作。

对于那些没有条件体验的班级，或者是错过种植时机的班级，教师还可以从网上找到植物生长的视频，一边播放，一边让学生观察。笔者曾经找到过一段关于"向日葵"的视频，这个视频是用延时摄影合成的，上千张图片完整地展现了"向日葵"生根、发芽、抽枝、长叶、开花、结籽、枯萎的过程，尤其是开花的那一段，真是绚烂多姿，美丽极了。运用这段视频，在每个阶段暂停，让学生描述，然后进行写作。

其次，描写植物的作文在写作顺序上除了按生长顺序以外，还可以按照从整体到局部的顺序。先写植物给人的整体印象，再写它的局部特征。也可以按照主干、枝、叶、花、果的顺序，具体描写其中的一两个部分。如描写树叶，就写它们的形状、颜色和给人的感觉等；描写花，就写它们的大小、香味、色彩、花期等，使人犹如亲身体验一般。

第三，在指导中年段学生描写植物的作文时，要引导学生写出植物的姿态之美。植物的姿态美，就是植物在生长过程中，在不同季节的特点。春季新芽初发，从形态上是嫩绿的、新鲜的，但细小、脆弱、易折；随着时间的推移，嫩芽长成叶片，有了自己的形态。这时可以用比喻的手法，写出它的形状。如写四季海棠："它的叶子是卵形的，叶子四周呈锯齿状，有着细细的绒毛，像个小巴掌。"通过这样描写，让从未见过"四季海棠"的读者头脑中也会产生生动的形象。在描写植物时，教师也可以引导学生采用拟人的手法，把植物当作人去写，这样会让读者感受到几分亲切，也使植物的描写更加形象生动。

（三）动物描写的指导方法

状物类作文，如果根据难易度区分，静物类最容易写。因为被观察的对象是静止的，我们可以细细观察品味；其次是植物类，植物虽然具有生命力，但生长的地点是固定的，可以随时进行观察；最难观察和写作的是描写动物类的作文，因为其本身比较活跃，有的甚至有一定危险性。所以不好观察。但这类描写对象是学生们最喜欢的，他们都喜欢和小动物交朋友，有的学生家里就养了宠物，这些经历为写作提供了不少素材。因此我们在指导时不妨抓住以下要点：

1. 动静结合抓特点

描写小动物要"动静结合"，才能突出小动物的特点。"动"是指小动物的动作、习性；"静"是指小动物的外形。观察小动物的外形，一般包括动物的头、毛色、体型、尾巴。这些在写作时不必面面俱到，抓住最具特点的一两处描写即可。如写"小白兔"它最有特点的地方就是"红红的眼睛"，这一点是其他动物所没有的。描写小动物的外形时，教师可出示动物的图片，让学生先按头——脚——尾的顺序进行口头描述，然后辅导学生进行点评、补充、修改，最后进行动笔写作。为了把笔下的小动物描写得更形象、具体，要鼓励学生展开丰富的想象，恰当地运用比喻等修辞。写小动物，不光要描写外形，还要细心观察它们的动作和生活习性，这些都属于小动物的动态方面。要写一写它们吃食、嬉戏的样子，相互追逐的情形，如何搭窝、睡觉等方面。小动物也有喜、怒、哀、乐等情绪，这要靠学生从它们的行为、叫声、动作中去体会和想象，在描写时适当地使用拟人的手法，体现出小动物的性格，从而表达出自己的情感。

2. 描写方法灵活多变

描写小动物和描写静物、植物不同。小动物活泼好动，能和人类进行互动。因此，描写方法应灵活多变。教师可鼓励学生进行多种尝试，如采用第一人称"我"来描写小动物："我是一只大花猫，我穿着一件黑白相间的皮大衣。"这样写会拉近动物与人类的关系，吸引读者。除了人称的灵活多变，还可以在结构上进行大胆尝试。除了常用的"总—分—总"的构段方式以外，还可以根据动物的来历、外形、生活习性、有趣的瞬间来进行写作。在修辞方法上更是有很多的选择，拟人、夸张、比喻都可以恰当地运用，还可以鼓励中年段的学生尝试运用排比、设问、反问、对偶等修辞方法。写景可抒发情感，描写动物也可以"借物喻人"。我们常常赞美老黄牛的任劳任怨，蜜蜂的勤劳，所以在选材时，要选择有意义的材料来写，在字里行间融入情感。另外为了写出小动物的灵活多变，要引导学生动用多种感官进行观察和描写。用手抚摸动物的毛皮，用耳朵倾听动物不同的叫声，用鼻子去闻动物身上的味道，和动物一起赛跑、玩耍……这样就可以写出自己与小动物相处的点点滴滴，小动物的形象才能立体、活灵活现。

　　总之，状物类作文的指导要从选材入手。以身边常见且易于观察的事物为对象，进行有序的观察。灵活地使用描写方法，融入自己的情感。教师在指导时还可以用经典引路，以读促写。这样通过不断的积累、练习，久而久之学生就不难写出好作文。

教学实录

四年级下册第四单元《我的动物朋友》教学实录

长春市第八十七中学小学部　　张娇

◇ **课程说明**

（一）文本解读

　　《我的动物朋友》是部编版四年级下册第四单元的习作，这一单元是围绕"动物"这一主题选编的，由老舍的两篇文章《猫》《母鸡》、丰子恺的《白鹅》以及习作《我的动物朋友》构成，课后出现的三个文章片段是夏丏尊的《猫》、周而复的《猫》、叶·诺索夫的《白公鹅》，也完全符合"动物"这一主题。课文和节选都是描写动物的经典之作，而且中外作家都有，学生可以感受不同的语言风格；其次在写法上，三篇文章都有一个共同点，就是"反语"的运用，也可以指导学生根据情况适当运用，很好地为习作打好基础。

新课标中对四年级写作的要求是：留心周围事物，乐于书面表达，增强习作的自信心。能不拘形式地写下见闻、感受和想象，注意表现自己觉得新奇有趣的，或印象最深、最受感动的内容。

学生在三年级下册第一单元进行过《我的植物朋友》的习作，在四年级上册第二单元也进行过《小小动物园》习作，虽然一个是动物，一个是植物，但是在写法上是有相似之处的。从题目入手，"动物"是要把握写作对象的特点，"我的"是确定与小作者的关系，"朋友"是两者之间的感情。

（二）学情分析

四年级的学生已有一些写作经验了，而且本次习作的主题是"动物"，孩子们喜欢动物，愿意亲近动物，甚至很多学生家里都养着小动物，所以关于动物的表达应该不难，但是除了能抓住事物特点合理有序地表达之外，怎样从课文里学习新的方法，使自己的习作更有新意，也是新的挑战。

◈ **教学设计**

我的动物朋友

【**教学目标**】

1. 认知目标：学习"反语"的写作方法和"拟人化"描写动物的方法。

2. 情感目标：体验动物给我们人类的生活、学习带来的乐趣，感受人和动物之间的友情，丰富学生的情感体验，培养学生对动物、对生命、对大自然的热爱之情。

3. 审美目标：培养学生了解自然，爱护生命，热爱自然的情感。提高学生创造力及表现事物的能力。

【教学重点】

学习"拟人化"描写动物的方法。

【教学难点】

学习运用"反语"这一方法描写小动物。

【教学准备】

教学课件、学习资料袋、学习卡。

【课时安排】

2课时。

【教学过程】

一、激趣导入，明确目标（5分钟）

师：看几张动物图片，说说它们的名字。（课件出示自然界的动物：羚羊、丹顶鹤、鸵鸟、金丝猴）

生：羚羊、丹顶鹤、鸵鸟、金丝猴。

师：奔跑、飞舞、驻足、凝望。这些可爱的动物都是人类的好朋友。（师板书——动物）我们写动物的时候要注意什么呢？

预设：

生1：要写出动物的特点。（请发言同学把"特点"一词写到黑板上"动物"一词的下面）

生2：得有一定顺序。（请发言同学把"顺序"一词写到"特点"一词的下面）

师：再来看几张照片，如果你认识它就大声叫它的名字。（课件出示同学们家里的小动物照片，可是事先并不让学生知道）

预设：

生：这是……（小动物的名字）

师：你怎么这么兴奋？

生：这是我养的小动物，名字叫……

师：与你关系亲密。（板书：我的，在"我的"下面写上"关系"一词）你养了多长时间了？关系怎么样？

生：我养了……我们关系特别好，感情很深，可以说是朋友了。（师板书：朋友，请发言同学把"感情"一词写到"朋友"一词的下面）

师：今天我们要写一篇文章，主题是"我的动物朋友"，（结合板书）我们要有顺序地写明白动物的特点，要写清楚你们之间的关系，还要表达你们之间的深厚情感。

师：下面请同学们轻轻把书翻到55页，默读习作要求，然后说说自己读懂了什么，你想怎么做。

生：默读思考，可以和同桌小声交流。

生1：我读明白了这次习作要放到一个情境中，我选择情景2……

生2：我自己创设一个情境……

（设置这一环节，一是想轻松自然地导入，激发学生的兴趣，另外也是想使学生明白本次习作的要求："我"说明关系亲密；"动物"说明要抓住事物特点；"朋友"说明感情深厚。就是说这不仅仅是介绍动物的习作，而是字里行间都要饱含感情。同时明白这次习作要放到一个情境中，可以

选择书上的，也可以自己创设情境）

二、回顾范文，学习写法（8分钟）

师：在这一单元，我们学习了老舍先生的两篇文章《猫》和《母鸡》、丰子恺先生的《白鹅》，看这几个句子，说说你的发现。（课件出示）

1. 猫的性格实在有些古怪。

2. 我一向讨厌母鸡。听吧，它由前院嘎嘎到后院，由后院再嘎嘎到前院，没完没了，并且没有什么理由，讨厌！

3. 好一个高傲的动物！

生：这些文章都用了"反语"的写作方法，明明说小动物的不好，用贬义词，可是让我们觉得作者笔下的小动物无比可爱。（请发言学生把"反语"一词写到黑板上）

师：再看几个段落。（课件出示）

1. 它小时候可逗人爱哩！才来我们家时刚好满月，腿脚还站不稳，已经学会了淘气。一根鸡毛、一个线团，都是它的好玩具，要个没完没了。一玩起来，不知要摔多少跟头，但是跌倒了马上起来，再跑再跌，头撞在门上、桌腿上，撞疼了也不哭。后来，胆子越来越大，就到院子去玩了，从这个花盆跳到那个花盆，还抱着花枝打秋千。院中的花草可遭了殃，被它折腾得枝折花落。

2. 它永远不反抗公鸡。可是，有时候却欺侮那最忠厚的鸭子。更可恶的是，遇到另一只母鸡的时候，它会下毒手，乘其不备，狠狠地咬一口，咬下一撮儿毛来。

3. 这样从容不迫地吃饭，必须有一个人在旁侍候，像饭馆里的堂倌一样。因为附近的狗，都知道我们这位鹅老爷的脾气。每逢它吃饭的时候，狗就躲在篱边窥伺。等它吃过一口饭，踏着方步去喝水、吃泥、吃草的当儿，狗就敏捷地跑过来，努力地吃它的饭。鹅老爷偶然早归，伸颈去咬狗，并且厉声叫骂，狗立刻逃往篱边，蹲着静候；看它再吃了一口饭，再走开去喝水、吃草、吃泥的时候，狗又敏捷地跑上来，把它的饭吃完，扬长而去。等到鹅再来吃饭的时候，饭罐已经空空如也。鹅便昂首大叫，似乎责备人们供养不周。这时我们便替它添饭，并且站着侍候。因为邻近狗很多，一狗方去，一狗又来蹲着窥伺了。

生：我发现这两段作者都用了很多拟人的描写，比如说小猫"撞疼了也不哭"，"它永远不反抗公鸡，可是，有时候却欺侮那最忠厚的鸭子"，还有"鹅老爷"厉声叫骂等。（请发言学生把"拟人化"写到黑板上）

师：把动物进行拟人化描写，会让读者觉得它们和我们一样有思想、有情感，就是我们身边的关系密切的朋友，如果你愿意还可以运用"反语"的方式，让你的文章充满情趣，越读越有味道。下面就提笔写一写你的动物朋友吧！

（"拟人化"是这次习作的训练重点，把小动物赋予人的特点、人的情感，才会让字里行间都洋溢着温度，"朋友"二字已不需多言。"反语"能否恰当运用可能要看学生的写作水平，所以不强求，看学生自己的选择）

三、自由创作，互相学习（20分钟）

师：请大家拿出纸笔，我们看看写作要求：（课件出示）

1. 可以设置一个情境写自己的动物朋友。

2. 运用"拟人化"描写，可以尝试运用"反语"的方法完成一段。

3. 写作中遇到不会写的字一律注音。

4. 如果自己写完了，在不影响别人的情况下可以走下去欣赏别人的作品，回来再修改自己的文章。

师：开始写你的动物朋友吧！

（把要求都说清楚之后学生安静写作，遇到不会写的字也只是拼音代替，不能问别人打扰大家，也不用查字典打断自己思路，这时教师只安静巡视就好，不要再打断孩子的思路，记录下优秀作品和有问题的作品，拍照准备视频）

四、勇敢分享，修改习作（7分钟）

师：同学们都已经完成了自己的习作，有的同学还欣赏了别人的作品，回来又修改了自己的作品，取人之长，补己之短。一篇文章写好后，还远没有结束，我们来看几个片段。（课件分别出示优秀作品片段3—5篇和问题作品1—2篇）

1. 生读作品。

2. 说说写得好的地方和存在问题的地方，对照自己习作修改。

师：刚刚我们只是读了几篇文章，改了一些共性问题，一篇文章写好后，身边人是你最好的读者，把自己的文章读给同桌、好朋友、老师听，听听他们的建议，看交流提示：（课件）

1. 读者的爱让我成长：把自己的文章大声读给别人听，听听大家的夸赞和建议。

2. 好文章是改出来的：真诚地给同学提提建议，也虚心听取大家的建议，修改自己的作品。

（在共读共改的环节要挑选有代表性的优秀作品，或有共性的问题习作，多展示优秀作品，以起到示范作用，好对比修改自己的作品）

五、激发兴趣，开阔视野（5分钟）

师：我们再来看几幅照片。（课件出示）看看这个女孩的动物朋友都是谁。

生：猎豹、蛇、鸵鸟、大象……

师：世界无奇不有，一切皆有可能，世界再大，大不过人的脚步，走出去我们会有更多的发现，更多的朋友。下课！

【**设计意图：**希望学生明白天地之大，打开自己的视野，开阔自己的思维，明白生活可以有很多样子，勇于探索，勇敢出发。】

◇ **教学反思**

"我的动物朋友"这一主题在小学课程的很多学科之内都有体现，"遵循儿童生活的逻辑，以儿童的现实生活为课程内容的主要源泉，以正确的价值观引导儿童在生活中发展，在发展中生活"是对所有学科的要求。

这节《我的动物朋友》，与学生的生活密切相关，也符合儿童喜欢动物的心理特点。但是要把握语文学科"工具性"与"人文性"相统一的特点，不仅要注重趣味性，还要使学生合理有序地表达，并尽量表达出自己的动物朋友的特点，以及自己与其之间深厚的感情。

典范的文章，非常适用于"写"的指导。尤其是教材在安排训练上很多都照顾了"读"与"写"相结合。所以本节课我引导学生回忆些范文的写作特点，我出示了课文中的语句，让学生再次体会"反语"的特点，回顾段落体会"拟人化"的写作手法，而这将是学生完成这篇习作的主要手法。

这节课学生几乎都能用上"拟人化"的描写手法，但是应用层次各不相同，所以我还要关注学生整体，尤其是写作水平还有待提高的那部分学生，帮助他们自己修改，请写得较好的伙伴再次修改，较长时间地去跟踪他们的作文，以帮助他们找到成功的体验，促使其作文水平提高。

这一节课只是"反语"和"拟人化"手法的运用，要完成一个段落的仿写，还得补充文章的其他部分，尤其是放在一个情境中，还得再指导。待学生完成整篇文章后，还可以给自己的文章画插图，图文结合，相映成趣。

❖专家评课

长春市宽城区教师进修学校　王娟

《我的动物朋友》是统编版教材三年级下册的一次习作，这篇习作被安排在这个版块之后，是有其独特的用意的，因为版块内的几篇文章都是描写小动物的比较经典的篇章，无论是语言风格还是成文结构，都有许多值得品评、借鉴和学习的地方。特别是运用"反语"这种语言风格来表达对小动物独特的喜爱之情。这样的教材特点，张老师在解读和设计的过程中，既有对教材内容的落实，又有针对学情特点的细微调整。

一、发挥学生的主体作用

作文指导课要充分发挥学生的主体作用。首先把学习的主动权还给学生。这节课，张老师导入环节就别有匠心地分两层出现动物，第一种只是大自然中的动物，它们形态万千，各有特点，但只是远远地观望欣赏；第二层才是自己生活中的小动物，孩子们与它们之间充满故事，饱含感情，密不可分。这第二个层次一下子就让孩子们打开话匣子，文题的三个层次的解读也就自然而然了。

二、给出关键性指导

"拟人化"是这节作文指导课关键性的点播，只要学生在写小动物的时候运用"拟人化"的笔触，文字自然而然就会充满情感，富有情趣，动物也就自然而然成了"朋友"。

三、难易把握适度

除了"拟人化"，本课还有一个写法的指导，就是——反语。但是对于四年级的学生，"反语"不是所有孩子都能游刃有余地运用的，所以张老师在设计时只是建议用，而不是要求用，尊重孩子的学情特点。

四、体现学科整合

结尾处的为自己的作品插图也是一个别具匠心的设计，貌似在语文学科中不需要美丽的图画，其实这恰是一位老师语文观、学科观的一个体现，尊重孩子天性，率性而为，我手写我心，我笔画我心，图文并茂，相得益彰。

第五节　想象类作文的指导方法

想象类作文是基于现实生活的基础上，又超越现实的时间、空间和生活常规的奇思妙想。想象是一种特殊的思维形式。它是人在头脑里对已储存的表象进行加工改造形成新形象的心理过程，可以突破时间和空间的束缚。想象还能对机体进行调节，有预见未来的作用。部编版教材对于学生的想象力培养十分重视，二年级开始就有关于想象的片段练习。如《沙滩上的童话》课后题就要求学生用"在一片沙漠里有……""从前，有一座大山……"这种开头进行编写自己的童话。语文园地六"大自然真奇妙"则鼓励学生大胆提出自己的问题，激发好奇心，这些都是让学生进行想象的基础。"没有想象的文章，就像鸟儿没有了翅膀"，想象对文章写作有着不可或缺的重要性。在指导作文时，教师会发现，年龄越小的学生想象力越丰富。尽管他们此时的想象是无序的、没有逻辑性的，但随着年龄增长，学生往往渐渐失去想象力，此时进行想象类作文的指导就很困难。因此，指导想象类作文的写作应该从中低年段开始，我们不妨这样做：

一、结合生活实际进行想象训练

我们都知道写作离不开生活，想象类的作文同样需要素材。想象是在已有生活经验的基础上产生的，没有经验就没有想象。因此，教师要培养学生善于捕捉生活细节的能力，抓住自己头脑中一闪而过的想象，并把它写下来。英国女作家 J. K. 罗琳在最困难时，坐着火车还不忘想象。想象有一个瘦弱的、带黑边眼镜的小巫师从车窗外对着她笑，于是动笔写下了《哈利·波特》系列魔幻小说。教师要引导学生热爱生活，乐观地面对生活中的困难，留心生活，从平时的点滴做起，培养学生的想象力。在平时的授课中，引导学生进行大胆的想象。例如讲到一片云，不妨停下来问问学生，"这片云像什么？"讲到小雨，则提问："听，雨滴落下来的声音像什么？"讲到《荷叶圆圆》不妨让学生说说"还有谁会来到荷叶边，他用荷叶做什么"。教师还可以利用身边可见的事物引导学生进行想象，看见有同学不爱惜文具，可以对他说："听，你的橡皮在哭泣，它在说什么？"看见有同学扶起了倒在地上垃圾桶，可以说："垃圾桶在对你微笑着说'谢谢'呢！"这样时刻引导学生去想象，慢慢地孩子们自然而然就学会了这种表达方式。

二、构建合理的想象思维

想象可以是大胆的，但也一定是符合逻辑的。例如看新闻知道有银河系、外太空的存在，就想象自己飞上了太空与外星人见了面。这样的想象就是合理的，因为外太空是真实存在的，外星人也是有可能存在的。这样的想象表达了自己对外太空探索的欲望。再如《凡卡》一文中，描写凡卡在梦里看见爷爷正在念他的信，这样的想象和凡卡从前的生活场景相似，所以也是合情合理的。在指导学生写作时，教师可出示几组例文，让学生去区分哪些想象是合理的，哪些想象是不符合逻辑的：

1. 看见大汽车，想到水库里面的水很多。

2. 在沙漠里行走，想到了冰雪的凉爽。

3. 看见天上的云，想到了小白兔、小狗、小花猫，它们在天上玩耍呢！

4. 雪孩子化成了一朵白云，在天上跳舞呢。

5. 我的铅笔盒不见了，好像是丢在课外班了。

1想象不合理，二者没有关联，不符合逻辑思维；5不是想象。2、3、4是合理的想象。通过这样的练习引导学生开展合理的想象。另外在学生能够进行合理想象的基础上，还要培养他们的创新思维。

《蜘蛛开店》后来又怎样了？会有人给蜘蛛提建议吗？蜘蛛后来又卖什么了？这回是赚钱了还是赔钱了？假如蜘蛛再次卖口罩，这回会怎么卖？这样，同一篇文章的续写就出现了许多出发点。一个相同的出发点，也可以存在不同的结局。同样写蜘蛛二次开店，还是卖口罩，论长度卖，结果来了一匹马，长度不长，但很宽，蜘蛛又没卖上价。还能怎么卖？结果又如何？这样出乎意料的情节，能吸引读者继续读下去。

三、用文题引发学生想象

想象类作文教学的关键，在于选择一个能够引发孩子们想象的文题。

例如"假如我是……"这样的文题，就可以展开学生无限的遐想。既可以是神话人物，如"神笔马良"；又可以是花、草、树、木等自然界的事物；还可以是"工程师""服装设计师""宇航员"等现实中的职业……文题的选择简直是"无所不能"。这样的文题，孩子们乐于去想象，也符合学生们的年龄特点，写起来较容易，因此深受学生欢迎。再如"二十年后的……"这个半命题作文，是针对未来社会进行想象的。学生可以自行选择人物，想象其在二十年后发生的变化；也可以选择写"汽车""房屋"等现有产品在二十年后会有怎样的变化；还可以写"学校""医院"等场所在二十年后会是怎样一番新面貌。这样的文题写作范围涉及生活的方方面面，都是学生每天可以接触到的。这样的文题将命名文题的权利交给学生，教师只提出要求，能够激发学生的写作欲望。无论是针对未来生活进行想象，还是学习完课文进行续写均可，题目自拟。类似的题目都给予学生足够的想象空间。学生在写作时，还可以比较谁的文题更吸引人。这也为写作过程增添了几分乐趣。

四、让想象变得更有趣味

不同类型的想象作文，具体的写法也有所不同。要想指导学生写童话，就要引导他们通过丰富的想象与幻想，运用比拟、夸张等方式，把"物当作人"，或是将"人化为物"。如把任劳任怨的爸爸当作老黄牛来写。还要注意读者年龄偏小，语言要浅显易懂，故事要曲折有趣。指导学生写想象类作文还要引导他们借助故事来说明某个道理或教训，表明某个观点；指导科幻类的想象作文，则要提醒孩子们，要在动笔之前查阅资料，了解其中的科学知识。以此为基础进行大胆的想象才符合事物的发展规律；编写梦想或者假象类的作文，要注意提醒学生，此类作文一般都是在现实生活中有个恰当的触发时机作为开始的，因此选择恰当的"触发点"变得极为关键。可以是一部电影，或是在现实中不能完成的愿望，或是一件东西……这个"触发点"如同这类作文的钥匙。只要有了它，才会打开想象的大门。

想象类作文，因为本身所具有的特点。所以在语言结构上具有很高的灵活度，可以融合其他作文的语言特点，运用比喻，让所描写的事物更加具体；运用拟人，让事物更加鲜活起来；运用夸张，让想象更加丰富……针对想象类作文，教师要鼓励学生创新，打破千篇一律，争取做到与众不同。

中年段的想象类的作文在结构上要进行新的尝试。教师可以引导学生使用倒叙进行写作。如《未来的汽车》的开头："早上，我睁开眼睛，突然从窗外飞过一辆汽车，我使劲地揉了揉眼睛，惊讶地发现，天空中出现了一辆辆按照轨迹行驶的小汽车，这是怎么回事呢？原来一觉醒来，我已经穿越到了二十年后，"像这样先交代未来汽车的样子，再交代时间定格在二十年后。这样倒叙的写法在想象类的作文中很常见。教师也可引导学生开头设置悬疑，结尾揭秘："原来这是一场梦，但我希望在不久的将来，真的会有这样的小汽车出现，那样我就再也不会担心因为堵车而上学迟到了。"

这些因素构成的想象作文，更具有趣味性，可读性更高。教师在指导想象类作文时，还须向学生推荐优秀的想象类读物，如《哈利·波特》《海底两万里》《地心游记》《流浪地球》等。教师要引导学生多读书，让其在阅读中注意积累素材。学生通过读写结合，可以从优秀的文章中学习到好的写作方法。只有不断地积累与反思，写作水平才能有所提升。

教学实录

三年级下册第八单元习作《这样想象真有趣》教学实录

长春高新第一实验学校小学部　席丽丽

❖ 课程说明

　　《这样想象真有趣》是部编教材三年级下册第八单元的习作，承接第五单元习作《奇妙的想象》内容。

　　教材中首先给出了一系列的假设，又在省略号的部分给学生足够的想象空间，充分引发学生的写作兴趣，唤起学生生活中的共鸣。并且图文结合，在给出文字后又出示了四张图片，图片上即是四种动物与生活实际情况相反的样子，让学生有直观的视觉认识。最后给出提示，本次成文的重点在于通过想象，选一个动物作为主角，编一个童话故事。

◇ **教学设计**

这样想象真有趣

【教学目标】

1. 基础目标

（1）能够围绕一个主题，发挥想象力编出一个童话故事。

（2）创作一个比较完整的故事，并符合生活逻辑。

2. 特色目标

通过大胆而合理的想象，并结合一定的修辞手法，完成故事创作。主题明确，学会调动自己的阅读和生活积累，文章结构完整，可以列出作文提纲，再结合提纲完成创作。

3. 发展目标

通过作文创作，激发学生的想象力，培养学生的思维能力。并能通过本次想象作文的书写，初步掌握想象类作文的一般要求和基本方法，结合以往的写作经验，完成一个完整的、充满想象的、符合生活逻辑的故事。

【教学重点】

发挥想象力创作出一个较为完整的故事。

【教学难点】

故事完整并符合生活实际。

【教学准备】

教学 PPT 及动物卡片。

【课时安排】

2 课时。

【教学过程】

第一课时

一、出示图片，引发兴趣（3 分钟）

1. 自选图片，介绍动物

同学们，谁有信心完成一个任务，从四种动物中自选一种，介绍一下这种动物最大的特点是什么？它们是如何生活的呢？（准备蜗牛、蚂蚁、鸡、老鹰四幅图片，板书：慢、小、不会飞、凶猛；观察细致）

2. 设置疑问，激趣入题

同学们对动物的了解可真多，观察也超级细致，老师已经忍不住要为大家鼓鼓掌了。可是今天我们将换个角度了解这些动物，换成什么样呢？一起来看。

二、材料分析，提炼观点（16 分钟）

1. 多媒体出示习作要求：如果母鸡能在天空飞翔，如果蚂蚁的个头比树还大，如果老鹰变得胆小如鼠，如果蜗牛健步如飞，如果……这些动物的经历一定很奇特，它们的故事一定很有趣。一旦动物失去了原来的主要特征，或是变得与原来完全相反，它们的生活会有什么变化？又会发生哪些奇异的事情呢？

选一种动物作为主角，大胆想象，编一个童话故事。

分析要求：

（1）指读：谁想读一读习作要求？只有三个机会。

（2）同学们你们读懂了什么？

这是一篇想象类习作，或者写动物失去了以前的特征，或者写动物相反的特征；可以写给出的这四种动物，也可以写别的动物；重点写一种动物，也可以有其他动物做配角；只写一个童话故事，而且要特别有趣好玩。

2. 思考一下：如果这些动物失去原有的特征，或者特征变得完全相反，可能会有什么样的变化呢？

母鸡能在天上飞，老鹰胆小如鼠，蜗牛健步如飞，乌鸦的声音清脆悦耳，百灵鸟不会唱歌了，海豚可以在海面上空飞翔……

3. 小组合作学习：它们的生活会有什么改变吗？因为这个改变又会发生哪些奇异的事呢？下面我们以小组为单位，把你的想法跟组内同学交流一下，教师巡视。

4. 学生汇报交流成果

注意方法引导：

（1）新颖独特：抓住典型的事例，这样的想法新颖独特，你们喜欢吗？

（2）合情合理：对比两个同学的发言，我们发现想象的时候要以动物原来的特点、其他动物的特点为依据，而不是胡思乱想。

（3）中心明确：我们的故事，要充满正能量，传递真善美。

【设计意图：学生习作的难点，一是不敢动笔，觉得写起来难度大、有压力，所以作文讲解中应创设情境，让学生放松下来；二是无法动笔，提笔后没有内容可谈，所以应在讲解中通过班级各学生之间信息的分享、整合，给学生提供一些创作原材料。】

三、明晰重点，把握方法（8分钟）

1. 介绍可以与此类文章搭配使用的修辞手法。

（1）了解常用的修辞手法

同学们精彩的讨论如何才能变成精彩的文章呢？为了让文章更生动，你能想到哪些方法呢？刚才同学们提到可以用修辞，谁能说说我们学过哪些修辞方法？

（2）灵活搭配多个修辞手法

出示练习题：前半句是动物的特点，你能用比喻、拟人等修辞手法表达出来吗？

通过刚才同学们的发言，我们可以发现，如果想突出一个动物特别大/小，或者速度特别快/慢，我们一般会选用的修辞手法是——夸张。如果想描述动物花纹、颜色等细节的特点，我们一般选用的修辞手法是——比喻。

同学们对修辞手法的了解真不少，如果能在适当的位置使用，一定会让你的文章更精彩。

【设计意图：对学生来说，想象作文存在一定难度的原因，一是不敢想，想象力的张度不够大；二是不会想，想象出的内容失真，缺乏生活基础。所以应该首先让学生明确想象力作文的特点和要求。学生在进行书写时还存在字数偏少，内容单调的情况，因此可以指导学生灵活穿插各种修辞手法于文章中。学生此前已对修辞手法有了基本的了解，所以经过教师的提示，学生是可以掌握的。】

2. 明确本次习作自己要创作的主题

现在我们的准备工作已经做得非常充分了。习作要求只能选择一种动物，写一个有趣的童话故事，你最想表达什么呢？请给你的文章想一个题

目。（生回答）

3. 进行初步的构思，确定文章的结构及大致内容

现在我们需要把自己丰富的知识、精彩的想象变成一篇文章，请拿出一张纸，用最简单的词语写一写，你打算把文章分成几个部分？大概有什么内容？（生书写）

【设计意图：一篇文章首先应该是明确的，然后才是出彩的，所以一定要在学生动笔前，让学生想好自己的主题是什么，围绕着一个主题来写。在动笔前，可列一个简单的提纲，分配好作文各部分的内容，避免出现动笔后发现不协调又难以修改的情况。】

四、学生交流，分享补充（3分钟）

1. 学生交流互动，分享自己的观点

好的，老师看到同学们写得非常认真，相信别人发言时你同样能听得很认真，谁愿意和同学们分享一下自己的想法？

2. 其他学生对观点进行补充

你是否赞同他的想法？请举手说一说，并说出这样认为的原因。

3. 教师总结学生观点

听了同学们的回答，老师发现你们确实认真听、认真想了，在这里老师还要给同学们一个小小的提示，在落笔前想一想：文章哪个部分应该是最详细的？是否每个部分所占的篇幅都一样呢？

【设计意图：在学生动笔前，可能存在立意偏离、结构松散等情况，因而可以让学生在动笔前先进行一个充满互动性的分享活动，一方面可以帮助学生明确创作思路，一方面可以帮助学生集中精力。分享中可以拓宽学生的写作内容和思路，但教师仍要观察和引导，让学生了解哪些内容在

写作中是可行的。】

五、例文赏析，阅读评价（9分钟）

1. 阅读范文

老师给大家带来了一篇文章，请同学们读一读，说说文章中有哪些值得你学习的地方。（生回答）

2. 分析评价范文中的特点

一篇好的文章总能让人读得津津有味，老师相信只要把刚才学的知识灵活运用，你也可以写出精彩的文章。清晰的格式，合理的结构，恰当的修辞手法，会让你的文章更吸引读者。

【设计意图：让学生在赏读范文的同时，进一步感悟想象作文的特点。培养学生阅读时的鉴赏力，发现文章的特点和优长。能发现文章中的亮点是写出亮点的一个准备。】

六、动笔创作（作业）（1分钟）

作业：根据自己的想法，赶快把你创作的故事写下来吧！

七、板书设计

这样想象真有趣

动物特点——相反？

想象 { 新颖独特
合情合理
中心明确

◇ 教学反思

《这样想象真有趣》基于学生的学习特点及课标要求，符合中年段学生的学习特点及教材中的单元要求。在教学过程中调动了学生的日常积累，发挥了学生的主体性。具体来说，本课设计具有以下特点：

一、给学生选择权，让学生有话可说

在课前笔者准备了书中插图上的四个动物，让学生选择卡片，描述卡片上动物的特点，这种特点可以是动物形态上的特点，也可以是动物生活习性中的特点，教师并没有做出限定，学生只要说出自己最关注的、最感兴趣的、最了解的特点就可以。在作文要求讲述时，让学生通过读材料，自主发现习作的要求，提示学生在材料中找出写作需要注意的内容，经过几名学生的发现和补充，可以把写作要求补充完整，教师并没有要求学生必须发现内容上的要求或是结构上的要求，这种设计方式可以让更多的学生参与到课堂中来。

二、充足的课前准备，充分的生活积累

教师在课前准备了与写作相关的动物卡片、本次习作的范文等，让学生可以在具体的文章中感受想象作文的特点和语言表达。并且在写作前复习了作文的格式，也给予学生一定写法上的指导，提示学生关注在文章中运用适当的修辞手法，使自己的表达更具感染力。

同时没有强硬地给出想象的概念，而是通过学生的已知去唤醒未知。想象是在现实的基础上夸大或缩小，所以首先要让学生了解这些动物现实生活中的特点，在学生有足够了解和自信的时候再动笔，避免在课程一开始就提出要求，使学生沉浸在紧张的情绪中。

三、自由中有指导，指导中有自由

学生对描述动物的选择和所要描述的动物，这些选择都是自由的，教师会在学生选择后进行总结，让学生明确讨论的结果，避免学生因为讨论而过于发散。

学生在创作时所选择的修辞方法、小组讨论的顺序是自由的，但是教师让小组汇报展示成果和写作前的示范文章，对学生来说都是一种指导。学生在写作中需要自由，但是教师不能完全放手，只让学生自己进行课堂的所有环节，教师要在学生思维发散、焦点不突出时给予适时的指导，让学生带着清晰的目标进行写和，合理安排课程的时间。

◈ 专家评课

长春市宽城区教师进修学校　王娟

爱因斯坦说："想象力比知识更重要，因为知识是有限的，而想象力概括着世界上的一切，推动着进步，并且是知识进化的源泉。"培养学生的想象能力，既是培养学生的语文能力，也是对学生综合素质的一种提升。而对于学生来说，想象力存在两个极端，要么不敢想缺乏创意，要么天马行空缺乏合理性。在这节课中，教师既注重学生想象力的激发，又关注学生想象力的指导。

一、活跃思维，插上想象的翅膀

进行想象力的培养，首先要让学生敢想，学生才能够打开思维的闸门，即便是不合理的想象也可以，只要思维在活动，一切就有了源头。本课设计中体现了学生主体性的要求，放手让学生大胆想象，由这些动物会有哪些改变到想象它们的这种改变会让它们经历怎样的事，层层推进。

二、要求明确，定位习作的内容

习作指导从明晰习作要求入手，更有利于培养学生的审题能力，也让习作指导与训练更具有方向性。教师引导学生自主地从习作要求中提炼习作要素，清楚我们该写些什么，在作文指导过程中，从明确主题到明确结构，再把握写作的框架结构，合理可行，指导的过程目的性非常明确。

三、方法多样，丰富指导的过程

本节课中，教师非常注重指导学生运用多种方法来完成习作，例如：运用多种修辞方法来把想象中的内容写得更加生动，同时，教师能引导学生联系生活，并拓展了相关视频，极大地增加了学习的趣味性。由浅入深，这样的做法也是非常符合学生的认知规律的。

第四章

高年级作文提升的训练方法

  小学高年级的语文习作，对于学生兴趣、写作习惯及速度方面的要求都有所提高。课标中明确指出："懂得写作是为了自我表达和与人交流。"这一点从写作目的上已经清楚地告诉我们，写作不是为了完成任务，而是为人类提供表达的需要。写作也是人类各种知识与技能得以流传的工具。高年段的作文指导是以前四年的训练为基础，重点在于写作方法的总结和提升。教师引导学生梳理、归纳记叙文的写作方法，培养学生的写作能力和修改作文的能力。让学生养成留心观察周围事物的意识，能够自觉记录看到、听到或自己想到的事物。为了帮助学生学会修改自己的习作，养成良好的写作习惯。教师可从以下几方面进行指导。

第一节 如何让学生的作文有"宽"度

小学高年级的习作最让教师苦恼的是作文雷同、脱离生活、单调乏味等问题，这和缺乏写作素材有关。俗话说："兵马未动，粮草先行。"如果把写作比作运筹帷幄，行兵布阵。那么写作素材就是那至关重要的"粮草"。要想写好作文，就得先准备"粮草"，也就是进行写作素材的积累。对于学生写作素材缺失的原因，人们普遍认为是学习压力大，导致他们足不出户，社会参与度降低。其实不然，学生每天都在经历生活。生活是什么？生活就在早饭的忙碌中，生活就在上学途中，生活就在和同学的玩耍嬉戏中，生活就在每一堂课中……学生从来就不缺少生活体验，缺少的是一双发现的眼睛，一颗敏感的心。因此，教师的作用就是引导他们去发现、观察、积累，这样他们便可储备充足的写作"粮草"了！

一、要引导学生从生活中积累素材

做生活的有心人，是留心观察的前提。到了高年级，学生在写《一件难忘的事》时，仍然是"让座""妈妈送伞""拾金不昧"等老套雷同的素材，要不就总想写"惊天动地"的事，什么救火、抓小偷、勇斗歹徒，觉得只有这样的事才值得去写。因此，教师首先要教给孩子们的就是做个"有心人"，比如要想让他们描写雷雨，就要带领他们看下雨，一边看一边让学生描述。在描述中学生会意识到，写雨可以按照"雨前——雨中——雨后"的顺序；想让他们描写人物，不妨利用午休，到操场上，大家一起观察某个人。然后相互说一说，在说的过程中归纳出观察人物的方法；要想让学生学会细节观察，可以选清晨，太阳还没高照的时候，来到草地旁，蹲下身子，看看草叶上的露珠，在太阳的照射下有着怎样的光华，光华笼在露珠里，蓝色，紫色，粉色……不大却也足够眩目。这时的青草俨然变成一棵镶嵌着宝石的树，璀璨而又华丽；要想让他们写事，可以抓住机会，带领他们观察学校清洁工在打扫时的忙碌瞬间；老师中午还在辅导功课，汗水打湿衣服的瞬间；同学之间互相帮助的瞬间；操场上，玩耍时发生矛盾的瞬间……除了实地观察外，还可以借助信息技术手段，固定观察素材。可以是一个人物、一处风景、一件新闻报道的图片，让学生进行描述、猜想和想象。通过这些训练，用实践告诉学生，只有按照一定顺序仔细观察，才能看细，看得全面。时时记录，才能积累丰富的写作素材。

引导学生在生活中积累写作素材，教师还要多开展活动来丰富他们的业余生活。鼓励学生们走向社会，走进大自然，让他们在更大范围的实践中，学会全方位地接受信息，并养成认真思考的品质和习惯。春天，可以带孩子们开展"找春天"的活动。比一比，看谁能够找到第一个钻出土壤的小草，第一朵开放的小花，第一个飞上蓝天的风筝……用爸爸妈妈的手机拍下来，上传到班级空间中；"大课间展示"中，说一说当时自己的心情是如何"怦怦"跳动的；第一次做饭自己又是经历哪些波折，才由"全然不会"到"熟练自如"的；"端午节诗词朗诵会"自己朗诵了什么诗，为什么选择这首诗歌，表演的效果如何；寒假里跟爸爸妈妈到哪里去游玩了，旅途中有怎样有趣的事情发生；暑假里又学会了一样什么本领等。这些活动中的点滴，都可以成为学生们写作的素材。教师还可以紧扣教材组织学生参加校内外活动，如饲养宠物、种植花草、手工制作、放风筝、参观科技馆、跳绳比赛、运动会、读书分享会、故事会，开展有教育意义的专题会及各种有趣的活动等。教师开展活动应灵活多样，多向学生征集

"好点子"，这样才能触动学生写作的"神经"。教师可在活动中现场指导学生进行观察，先让学生凭借第一印象说出观察的事物，然后由教师或其他学生纠正观察的不足和语言组织的缺陷，使学生能够准确地把观察的事物"输出"为语言，养成仔细观察、捕捉瞬间、认真思考的好习惯。从而提高学生积累素材的能力。平时教学中，教师也要抓住一切机会让学生"动"起来。可以是自编自演课本剧，也可以是担任"小老师"。有意识的引导他们在交流中多练习口语表达，学会说恰当的话，这也是在生活中积累写作素材的一条途径。

应当注意的是，每次带领学生观察时，一定要准备一个记事本。防止"当时看得清楚、说得明白，过了一会儿就不记得了"情况的发生。培养学生写日记，不但可以培养他们留心观察生活，习惯用语言文字表达经历的习惯，而且可以记录自己的思想成长轨迹。教师要引导学生逐渐把日记当成他们可以吐露心声的好朋友。经过岁月的沉淀，这本日记就成为学生们的写作素材本，可以随时进行填充和翻阅。

二、引导学生从阅读中积累素材

常言道："熟读唐诗三百首，不会吟诗也会吟。""新课标"也强调："积累自己喜欢的成语和格言警句，背诵古今优秀诗文，课外阅读量不少于140万字。"可见阅读对于写作的重要作用。部编版小学语文教材将"基础训练"改为"积累运用"，这种转变进一步说明了语言积累的重要性。近几年，各校都建立了图书室，班级也设立了图书角。凡是适合学生阅读的童话、寓言故事、散文等均可作为阅读材料。在阅读时，不光要让学生读，还要让学生"记住"阅读的内容。通过多读、广记才能积累素材，没有记忆也就没有创作。因此，教师可带领学生对经典的、优美的段落进行摘抄、背诵，高年段还要指导学生写好读书笔记。对于读书笔记的指导，可以由易到难，先是指导学生在课文旁边做批注，接着将课文中的好词好句摘抄到一个本子上，然后将摘抄分类整理，可分为两字词语、四字词语、叠词……句子可按修辞方法分类，比喻句、拟人句、夸张句……逐渐过渡到在摘抄段落的同时，写下自己的感想。头脑中积累词汇的不断增多，不仅能促进思维的发展，还能促进语言的发展。当学生有了一定语言"量"的积累，写作就不再是一件令人头疼的事，反倒可以成为学生们倾吐心声，表达真情实感的常用形式。例如，在学习《美丽的小兴安岭》时，教师先让学生有感情地朗读课文，试着理解课文，激发学生热爱祖国的情感。然后进行课文导入，让学生了解小兴安岭，提出问题：小兴安岭除了景色优美以外，还有哪些比较吸引人的地方？学生根据课文来回答。接着让学生找出喜欢的句子、段落进行自由品读，加深对课文的感悟和记忆。组织学生把这些词语、句子摘抄下来，定期展示自己的摘抄笔记，相互学习和交流阅读方法。久而久之，学生形成的语言积累习惯，就能终身受益。

三、引导学生从多种媒体中积累素材

随着时代的进步，学生们除了能从阅读和日常生活中积累写作素材以外，还可以借助其他传播媒介。学生每天都可以通过电视、电脑、书刊中获得大量信息，以此来了解世界的改变。蒲松龄的《聊斋志异》就是在乡村茶摊听南来北往的过客，讲述奇异怪诞的故事写就的。与蒲老先生想方设法地"听"相比，现在接受信息的渠道更为广阔、方式逐渐便捷，内容也更加丰富。广播、电视、网络都能为我们提供写作素材。家长里短、奇闻逸事、重大新闻、城乡新貌等信息也都能通过网络进行了解。如果能够

把这些信息恰当地运用到自己的习作中，很有可能成为文章的"点睛之笔"。因而，要从小培养学生通过各种媒介搜集自己所需信息的能力。学生可以随身携带一个记录本，遇到有意思的新闻、故事，看了一部电影、动画片都可以记录下来。高年级的学生，还可以运用思维导图、电子笔记、备忘录等方式进行随时的记录。信息技术时代，要让孩子们学会运用网络进行学习。教师要指导在前，这样学生们才知道如何正确地运用网络为自己的学习助力。例如，可以通过个人空间转载他人文章来积累写作素材；可以用手机中的讯飞语记随时记录自己的见闻，这是当下很多作家常用的方式；还可以利用"简书"这样的微写作社群，让学生撰写微作文。随着网络的普及，写作的形式多样化，微信、微博、个人空间、直播间……这些新兴的媒体该如何恰当地运用文字表达，这些都需要教师去指导。因此，教师要率先尝试各种不同的文字表现形式，从中积累经验，也可以和学生一起研究，归纳特点。这个过程也是在积累素材。通过多媒体，还可以为学生设立写作社群。例如设立"写作小打卡"，每天教师可以和学生一起把自己的所见、所闻、所思用文字表达出来。这样每天进行打卡活动，坚持一个月，再一起评一评谁获得的点赞数量最多。这样的活动既可让学生不知不觉中养成每天写一段文字的习惯，还通过相互阅读和点评积累了素材。

积累素材的方法、途径还有很多。只要我们带领学生做生活的有心人，运用多种感官去接触社会就不难发现，原来生活是这样多姿多彩，世界是那样美妙无比。有了这样的感觉后，作文就不再是"无米之炊"了。

教学实录

五年级上册第五单元习作
《介绍一种事物》教学实录

长春市绿园区绿园小学　董亚飞

◇ 课程说明

　　本节课为部编版五年级上册第五单元的习作教学。本单元的两篇文章《太阳》和《松鼠》都是说明文，但是二者的风格迥异，《太阳》一课语言平实，使用列数字、打比方等多种说明方法，对太阳的大小、温度、与人类的密切关系等进行了翔实的介绍，使原本抽象、复杂的事物变得直观、通俗易懂；《松鼠》一课，介绍了松鼠的外形、习性等特点，语言生动活泼，富于变化。在习作教学前，笔者通过阅读指导，让学生了解说明文的写作特点，体会运用说明方法的写作效果，掌握说明顺序的条理性，从而为本节习作打下夯实的基础。

　　本节习作笔者按照"激趣——审题——选题——列提纲——写作"的顺序设计，选材不局限于书本上的题目，给学生们足够的自由，可以根据提示，选择自己喜欢的题材来写，从而激发学生的写作兴趣，避免照本宣科，千篇一律。

◇ **教学设计**

介绍一种事物

【教学目标】

1. 尝试使用恰当的说明方法，写清楚事物的主要特点。

2. 养成细致观察事物的习惯，按照一定的顺序把事物的各个方面介绍清楚。

3. 培养学生搜集、整理相关材料的能力。

【教学重点】

1. 尝试使用恰当的说明方法，写清楚事物的主要特点。

2. 培养学生搜集、整理相关材料的能力。

【教学难点】

按照一定的顺序把事物的各个方面介绍清楚。

【教学准备】

学生课前搜集自己感兴趣的事物的相关素材、多媒体课件。

【教学时间】

40分钟。

【教学过程】

一、创设情境，激发兴趣。（5分钟）

师：孩子们，看看这是什么。（出示蛋挞）

生：蛋挞。

师：爱吃吗？会做吗？（请一生说做法）

师：你说得这么多，我还真是记不住，不过没关系，现在互联网这么发达，只要在百度里搜索"蛋挞做法"，图片、文字就全出现了，我们只要按上面的说明去做就可以了。（课件出示蛋挞制作图）

1. 准备好食料

2. 将鸡蛋打碎，搅拌均匀

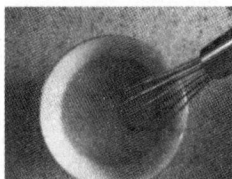

3. 将搅拌好的蛋液倒入牛奶中，加入糖粉搅拌均匀

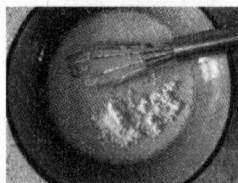

4. 筛入面粉搅拌均匀，蛋挞液就做好啦

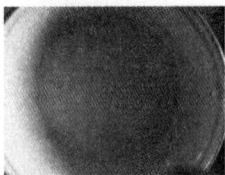

5. 蛋挞皮提前解冻

6. 在每个蛋挞皮上倒入蛋挞液

7. 烤箱180度预热10分钟，然后设定20分钟开始

8. 时间到，出炉

9. 来张美照！

师：其实我们的生活中还有许多类似于此的说明类文本，说说看：你还知道什么？

生：药品说明书，告诉我们服药的时间、剂量、禁忌等等。

（课件出示药品说明书）

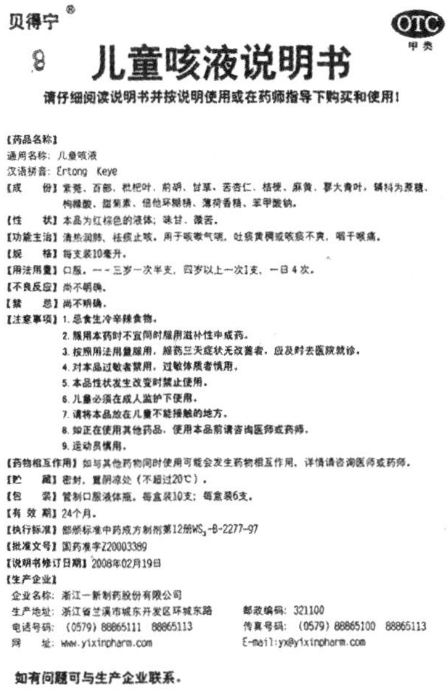

贝得宁®

OTC 甲类

儿童咳液说明书

请仔细阅读说明书并按说明使用或在药师指导下购买和使用！

【药品名称】
通用名称：儿童咳液
汉语拼音：Ertong Keye
【成　　份】紫菀、百部、枇杷叶、前胡、甘草、苦杏仁、桔梗、麻黄、蓼大青叶，辅料为蔗糖、枸橼酸、甜菊素、倍他环糊精、薄荷香精、苯甲酸钠。
【性　　状】本品为红棕色的液体；味甘、微苦。
【功能主治】清热润肺、祛痰止咳。用于咳嗽气喘，吐痰黄稠或咳痰不爽，咽干喉痛。
【规　　格】每支装10毫升。
【用法用量】口服。一～三岁一次半支，四岁以上一次1支，一日4次。
【不良反应】尚不明确。
【禁　　忌】尚不明确。
【注意事项】1. 忌食生冷辛辣食物。
2. 服用本药时不宜同时服用滋补性中成药。
3. 按照用法用量服用，服药三天症状无改善者，应及时去医院就诊。
4. 对本品过敏者禁用，过敏体质者慎用。
5. 本品性状发生改变时禁止使用。
6. 儿童必须在成人监护下使用。
7. 请将本品放在儿童不能接触的地方。
8. 如正在使用其他药品，使用本品前请咨询医师或药师。
9. 运动员慎用。
【药物相互作用】如与其他药物同时使用可能会发生药物相互作用，详情请咨询医师或药师。
【贮　　藏】密封，置阴凉处（不超过20℃）。
【包　　装】管制口服液体瓶，每盒装10支；每盒装6支。
【有 效 期】24个月。
【执行标准】部颁标准中药成方制剂第12册WS_3-B-2277-97
【批准文号】国药准字Z20003389
【说明书修订日期】2008年02月19日
【生产企业】
企业名称：浙江一新制药股份有限公司
生产地址：浙江省兰溪市城东开发区环城东路　　邮政编码：321100
电话号码：（0579）88865111　88865113　　传真号码：（0579）88865100　88865113
网　　址：www.yixinpharm.com　　E-mail:yx@yixinpharm.com

如有问题可与生产企业联系。

生：还有广告单。（课件出示广告单）

师：现在我们来总结一下，这些说明文字有哪些共同特点？

1. 有条理；

2. 语言精准；

3. 简洁明了……（板书出示）

师：像这种以说明为主要表达方法的介绍事物、解释事物的文体就叫作说明文，今天我们就来学写说明文，请同学们来看习作要求。

【设计意图：说明文这种文体，由于自身的特点，相对于其他文体而言，学生练的机会不多，可是在我们的生活和工作中经常使用，可以说是一种实用性很强的文体。所以笔者从生活中的说明文体入手，使学生更直观地了解说明文与生活的密切关系，从而有兴趣写好说明文。】

二、由题入手，理清思路（7分钟）

1. 屏幕出示习作要求（课件出示）

如果选择一种你了解并感兴趣的事物介绍给别人，你打算介绍什么？下面表格中的提示和题目是否对你有启发？

与动物有关	恐龙	袋鼠的自述	动物的尾巴
与植物有关	菊花	热带植物大观园	种子的旅行
与物品有关	灯	扫地机器人	溜溜球的玩法
与美食有关	涮羊肉	怎样泡酸菜	我的美食地图
其他感兴趣的内容	火星的秘密	草原旅游指南	中国传统吉祥物

可以选择表格中的题目，也可以自拟题目，介绍一种事物。

写之前，细致观察要写的事物，并搜集相关资料，进一步了解这个事物，想清楚从哪几方面来介绍。

写的时候要注意以下几点：

（1）写清楚事物的主要特点。

（2）试着用上恰当的说明方法。

（3）可以分段介绍事物的各个方面。

写好后，与同学交流分享。如果别人对你介绍的事物产生了兴趣，获得了相关知识，你就完成了一次成功的习作。

（请一生读习作要求）

2. 明确习作要求对写作前、写作中、写作后的具体要求

（1）写作前

①选择一种自己了解并感兴趣的事物来写。

②选择自己熟悉并喜欢的题材。

③选择容易查找资料的题材。

④选择与众不同的题材……

（在任务单上写下自己的作文题目）

【设计意图：说明文是一种说明性很强的文章，重在数据真实准确，而五年级的学生认知、了解事物的能力有限，所以选取题材就显得尤为重要，如果选的内容偏难，可以通过互联网、书籍等途径搜集资料，使文章内容更准确、更翔实。另外此处要关注学生的不同学情，分层教学，学有余力的同学可以选择书本以外的题材，尊重学生的个性，鼓励学生创新。】

（2）写作中

①要写清楚事物的主要特点。

②写事物要有条理。

③用上恰当的说明方法。

（3）写作后

能修改自己的习作。

三、自由习作，指导点评

1. 在习作单上列提纲，并和同桌交流，互相提建议。（5分钟）

2. 根据提纲，写一段自己认为最有话可写的段落。（8分钟）

3. 习作指导。（7分钟）

4. 适时出现范文《鲸鱼》，体会修辞方法的妙用。（3分钟）

5. 选择恰当的说明方法，修改自己的习作。（5分钟）

【设计意图：说明文的语言要严谨，行文结构也要认真构思，所以在写前就应列好提纲，构建文章结构框架，并通过合作学习修改。让学生在课堂上写一段自己认为最有话可写的段落，旨在激发学生的写作兴趣，又不会因为要求文章过长而无话可写。通过对一段的习作指导，使学生尝试使用说明方法，从而使文章在语言严谨的基础上更加直观、生动、形象，吸引读者。】

四、板书

说明文

选题　　结构　　说明方法

❖ 教学反思

本节课是部编版教材五年级上册第五单元的一篇习作，是一篇说明文类的教学课，说明文体裁在小学涉及并不多，学习的相关课文也是屈指可数，所以在说明文类的阅读教学中，教师要渗透写法的指导，了解说明文体裁的特点，知道几种常见的说明方法，从而为习作教学打下坚实的基础。

说明文是一种实用性很强的文体，与我们日常的工作与生活有着十分密切的关系，因此，在安排教学环节时，应尽量选择学生看得见、摸得着的题材，让学生有兴趣写、有话可写。

一、联系生活，激趣导入

刚一上课，笔者就由制作蛋挞来激发学生的兴趣，让学生了解说明文这一文体，知道它的多种表现形式，如图表式、图解式、图文式等等，为接下来的"写"奠定基础。另外，说明文具有较强的实用性，与我们的生活有着密不可分的关系，通过几种说明文本总结出说明文的几个基本特征，即叙述有条理，语言精练准确，简洁明了等。

二、确定主题，设计框架

在读过习作要求以后，由学生自己总结习作前、习作中和习作后要注意哪些问题，尊重学生的主体地位，激发学生的学习兴趣，使学生乐于完成习作。

说明文具有数据准确、用词严谨等特点，而小学生的知识水平有限，所以选择合适的题材就成了写好文章的关键。在选题时，可以从书本上所列的题目中选取，也可以选择自己感兴趣的题目来写，为学生的习作提供更为宽泛的空间，极大限度地发挥学生的潜能。

另外，说明文要求结构严谨，所以在写作前，由学生自己设计提纲，这样在写作的时候才会条理清晰，写起来也更有依据。

三、分段练习，指导修改

一节课的时间有限，要想达到练习的目的，就只能以重点段落为代表。在此处笔者安排让学生选择自己最喜欢的、最有话可写的段落来写一写，学生写完后，在全班进行点评，并引入例文，体会使用说明方法的表达效果，并能合理修改自己的习作，其他段落的写法均可以模仿此段，学生们能够举一反三，达到教学相长的效果。

◆ 专家评课

长春市宽城区教师进修学校　王娟

本节课是部编版教材五年级上册第五单元的一篇说明文习作指导课，鉴于说明文文体的特殊性，在小学阶段此类文章涉及不多，所以在本节习作指导课中，学生构思、立意、选材、成文会遇到更多的困难。本节课的教学设计中，教师给学生的习作搭设了很多的脚手架，帮助学生打开习作思路，指导学生运用相应的方法来完成习作。

一、链接生活，发现文体特点

叶圣陶老先生说："教材无非是个例子。"部编版教材在本单元中先编排了两篇说明文的阅读教学，然后将说明文的习作编排在其后，就是给学生提供了习作的脚手架，体现阅读与习作的有效链接。《语文课程标准》强调："阅读说明性文章，能抓住要点，了解文章的基本说明方法，阅读简单的非连续性文本，能从图文等组合材料中找出有价值的信息。"阅读教学是习作指导的前提和基础，教师要在阅读教学时渗透习作教学写法的指导，在习作教学时仿照阅读教学时的方法，从而事半功倍地提升写作技巧。然而为了充分打开学生的思路，仅仅靠教材中的两篇文章是不够的，所以董老师在习作指导之初，又引入"蛋挞的制作方法""药品说明书""广告单"等生活中随处可见的范例，拓宽学生的思路，引导学生进一步发现并感受说明文语言简练、形式多样的特点。

二、辅助选材，拓宽习作范围

对于作文教学来说，写什么比怎么写更重要。只有面对自己喜欢的话题、熟悉的事物或者深有感触的事情，学生才会有话可说，有感而发，所以在本次习作指导之初，启发学生调动生活经验选择确定自己最感兴趣的事物来写，是非常重要的。董老师利用表格的方式，引导学生可以从动物、植物、物品、美食等方面来进行选材，极大地拓宽了学生的选材范围，帮助学生打开了习作思路，这是学生自主习作的首要任务，也是最为重要的一步。正因为教师在习作指导之初，给学生足够的习作空间，帮助学生打开思路，自由立意，接下来学生才有可能兴味盎然地完成。

三、注重过程，指导习作全程

对于小学生来说，说明文这种文体无论是从阅读还是从写作角度，都是存在一定的难度的，要破解这样的难题，针对小学生的学情，教师就要着重在细致的指导上下功夫。董老师的指导是贯穿学生习作的全程的，从习作前的辅助选材，到习作中怎样把事物说清楚，提示运用恰当的说明方法，再到习作后的修改点评，每一个环节的指导都是非常到位的，特别是习作后的修改点评，《语文课程标准》特别强调了习作修改的重要性，此处所说的修改并不一定指自己修改自己的习作，还可以主动与他人交换修改，或者小组间互评。教师在习作后设计了多种形式的修改，这样不仅可以激发学生修改习作的兴趣，还可以加强学生间的交流，取长补短。贯穿于习作前、习作中、习作后的指导，符合小学生的学情，教师对不同环节的指导有扶有放，既极大地破解了学生习作的难题，又保证了学生习作的主体地位。体现了为学而教，顺学而导。

教学建议：

在教学时间的调配上，教师应针对不同的学生设计不同的处理方式，尽可能让学生都能够有充分的时间完成习作，如果学生对于习作中的某个环节存在困难，可以适当调整，习作指导与成文后的点评可以分别进行，给学生充分的时间去构思、成文、修改。

第二节　如何让学生的作文有"温"情

提起作文中的"情"大概每个语文教师都会为一个问题头疼：学生的作文千篇一律，缺少真情实感。究其原因，是因为学生的写作目的出了问题，如果向学生提问"为什么要写作文"，大多数学生都会无奈地回答：考试要考作文。写作成了孩子们升学的利器，写作的功利性让其感到趣味尽失。有的学生甚至将写作看作他们的负担。在这种情形下，写作当然不会有"情"。要想让学生重拾对写作的欲望，必须将写作和生活紧密结合起来，让写作变得有用而有趣。

一、在应用文中表达情感

学生从低年级作文起步时，就接触过应用文。例如"留言条"，教师在指导这类作文时，除了教学生将事情交代清楚以外，还要借机让学生表达情感。结尾处可以写上"谢谢""不见不散""我很想你"等。借助这样的文字，表达不能相见的遗憾之情。再如，执教"通知"时，可以让学生在交代时间、地点、人物、事件等要素后，再通过"希望大家准时来参加活动"这类语言表达欢迎之情。中年段"写信"的指导，则是表达情感的最佳案例。在指导时，要引导学生用书信来表达自己对远方亲人、朋友的思念之情，对身边人的难言之情，对陌生人的想结识之情，对崇拜者的敬仰之情。让学生知道书信可以用在什么情景下，使之成为人与人之间沟通的桥梁。到了高年段，要引导学生养成写日记的习惯，把日记当作每天生活的记录本，倾吐心声的秘密空间，和自己的亲密无间的伙伴。为了让学生喜欢上这种写作形式，教师要尊重学生，在检查时与学生达成约定，只看数量，不看内容。用这样的方法既督促学生养成记日记这个好习惯，又免除了他们秘密泄露的担心。

二、在选材中注重情感的分量

每学期学生要完成 8 次习作，每次都要选择所写素材。从低年级作文起步指导时，教师就要有意识地引导学生遵从自己的内心，选择自己最想写的进行观察描写。等到高年级，要教会学生进行素材的取舍，取舍的标准就是看素材是否能够表达自己的真实情感。在这个过程中，教师的作用是至关重要：首先，要引导学生敢说真话。教师首先就要敢于放手，低年级的"教"，中年级的"扶"，到达高年级就应该是逐步"放"。部编版教材和新课标都提倡"为学生的自主写作提供有利条件和广阔空间"，因此，放手让学生自由写作。"标题自由，体裁自由，选材自由，篇幅自由"都是符合作文教学的规律。只有这样才能让学生写"心之所想"，保留真情实感。其次，要敢于面对学生作文中的灰暗面。在过去的作文教学指导中，还存在一个现象。那就是片面追求学生作文的正能量，所以学生在写作时就有意地规避生活中的"灰暗面"。时间一长就养成学生去写"假话"的习惯。高年级的学生们已经具备分辨是非的能力，有了自己的判断标准。此时的写作指导，教师就更要注重引导学生去思考，敢于面对社会的"灰暗面"，并用自己的笔去大胆评判。因为文学作品不仅有讴歌的作用，还有唤醒、批判的作用。所以我们手中的笔不仅可以为人物镀金，还可以惩恶扬善。就如文学斗士"鲁迅"，便是用自己的笔去战斗。面对学生作文中的犀利描写，教师要保护他们的写作热情，加以正确引导。只有这样，学生才敢于在自己的文章中表达真实情感，敢于袒露自己真实的内心世界。正所谓"文如其人"，作文就应该是学生心灵世界的展现。将自己的喜怒哀乐真实地与他人交流，既能分享快乐，也能分担忧愁。教师还要鼓励学生表达内心的独特感受，珍惜学生富有特色的表达。哪怕这种情感是悲观、失落，亦是学生的心灵写照。只有这样学生才敢于说真话，表真情。

三、在赏析中感受真情

要想让学生的作文有情，模仿必不可少。因此在日常教学中，我们要将课文当成范文，引导学生感悟文章所表达的真情实感。《背影》中的父子之情；《秋天的回忆》中母子深情《小木船》中的伙伴之情；《谁是最可爱的人》中的超越国籍之情……教师要抓住时机让学生感受，例如在执教《慈母深情》时，不妨抓住这样的描写细节："我穿过一排排缝纫机，走到那个角落，看见一个极其瘦弱的脊背弯曲着，头和缝纫机挨得很近。周围几只灯泡烤着我的脸。"引导学生从这段话中感受到母亲工作环境的恶劣；从"母亲掏衣兜，掏出一卷揉得皱皱的毛票，用龟裂的手指数着"引导学生明白母亲虽然工作辛苦赚钱却不多；从"旁边一个女人停止踏缝纫机，向母亲探过身，喊道：'大姐，别给他！你供他们吃，供他们穿，供他们上学，还供他们看闲书哇！'接着又对着我喊：'你看你妈这是在怎么挣钱？你忍心朝你妈要钱买书哇？'"感受到其他人对这件事的看法。再从"母亲却已将钱塞在我手心里了，大声对那个女人说：'我挺高兴他爱看书的！'"中明白母亲对"我"的理解与支持。将这几段描写放在一起进行对比阅读就不难感受到，母亲能在这种情况下支持孩子去买其他人眼中没用的"闲书"这种爱是多么的伟大。此时教师在指导学生运用不同的语气进行朗读，进一步体会人物内心情感。读"旁边女人"的话时，是充满指责、愤愤不平的；读"我"的话，是小声的，内心有些忐忑不安，不好意思；读"母亲"的话，是高兴的、骄傲的。教师通过这样的指导，进一步让学生体会人物的内心情感。还可以借机让学生进行仿写，能否像作者这样，描写一段母亲、你、旁边的人对同一件事情有着怎样不同的看法的事件。引导学生，将这种表达情感的方式运用到自己的作文中去。通过阅读分析，能让学生在不知不觉中受到熏陶，意识到只有说真话，作文才能打动人。

四、在点评中升华情感

作文讲评课是作文指导中不可缺少的环节。作文讲评课的讲评方法，一般有综合讲评、示范讲评、同伴互评、对比讲评几种。教师可以用这些方法充分调动学生的学习积极性。在针对高年段作文点评时，关于文章的语病、段落结构的问题会越来越少。因此，教师可以侧重文章的情感表达，进行细致点评。情感表达到位了，文章的中心也就自然突出了。

综合式讲评，一般分为两种。一种是教师在学生的习作本上书写评语，对学生习作有个综合性评价。如"你的文章结构谨严，叙事详尽，内容充实，字里行间饱含深情。如果构思再新颖、巧妙些，文章会更吸引人阅读。"这样的评语具有针对性，但缺点是太过于笼统。学生无法得知作文具体哪里需要进行怎样的修改；另一种是当众综合性讲评，教师就本次习作的共性问题进行点评讲解。通过点评让学生"有则改之，无则加勉"，这是教师常用的讲评方法。同样存在不足之处，这样的讲评不一定能引起存在问题的学生进行注意，因而可能会错过其修改时机。

示范点评，也是教师常用的方式。教师可以选择两种文章进行示范点评。一种是写得特别好的文章，教师当众朗读全文，或者让作者自己当众朗读，增加学生写作的成就感。其他学生都发表自己的看法，说一说这篇文章哪些地方值得我们学习，哪一段描写特别细致生动. 另外，还可以选择问题突出的作文。教师采取不公开作者姓名，朗读文章中问题突出的段落，让其他学生说一说哪里有问题，怎么修改。当然，教师还可以选择一些情感平淡的习作，让学生讨论，这样的文章应如何添"情"。通过这样的当众点评，引起其他学生关注这样的问题，从而学会修改自己的作文。

同伴互评，是近年广受教师和学生喜欢的方式。当学生完成习作后，可以同桌之间或好朋友之间进行交换。相互阅读对方的文章，指出对方写得好的地方，或有哪些地方令别人读不懂，并建议对方应如何修改。还可以鼓励学生推选自己喜欢的文章或者段落，在全班分享时读出来。这样不但能增加学生写作的自信心，还能站在学生的角度去发现问题。当同伴之间发生争议时，鼓励学生把这些争议的地方提出来，大家一起研究。往往这些争议就是共性问题，教师在指导时也会更有针对性。为了鼓励学生写出真情实感，在互评前，教师可以提出要求：找一找让你感动的地方，画出来，夸一夸他。来自同伴的认可会让学生更骄傲，来自同伴的意见也更容易让他们接受。在点评别人的作文的同时，不自觉会反思自己的作文：是否写清楚了？自己认为写得好的地方，别人是如何看待的？这样的相互点评，会促进同伴共同进步。

对比点评，这是最有效的一种方法。教师可以选择和本次作文写作重点相关的两个片段或两篇文章，用投影的方式出示在大屏幕上。让学生说一说各自的优缺点。还可以用抽签的办法随机抽取两名学生上台读自己的习作，接着再随机抽取学生进行点评，说出两篇文章的优缺点。其他学生提出修改建议，讨论如何才能让这篇文章变得更加打动读者。这样，你加一句，我添一句，学生参与作文讲评的欲望被激发了，作文讲评的能力也得到进一步的提高。

作文点评的目的是引导学生写亲身经历的真人真事。只有这样才能写出自己的切身感受，从而打动读者。通过讲评让学生回想身边的人，经历的事。那些让你感激、令你感动以及从心底里感到佩服的瞬间。哪怕只是件微不足道的小事，仍让你无法忘却。这些就是写作素材。通过这样的引导，学生们的习作会更丰富更真实，作文也会更有"情"。

教学实录

五年级下册习作《那一刻，我长大了》习作评改

◇ 课程说明

《那一刻，我长大了》是统编版五年下册的一篇习作，这是一篇记事的习作。"长大"是"题眼"，这里的长大并不是"身体"的长高，而是思想的成熟。长大，可以是学会了一项技能，可以是懂得了一个道理，也可以是心灵上经历了一次成长的洗礼……学生在完成习作后，我发现有这样

几个突出的问题：

1. 文章写得不够具体。

2. 文章没有突出"长大"这个题眼。

3. 个别同学的文章错别字和病句多。

基于此，再加之，多年来对小学习作教学的实践和探究，我决定和孩子们共同上一节习作讲评课。

◈ **教学设计**

《那一刻，我长大了》习作评改

【教学目标】

1. 引导学生学习如何把事情写具体，表达真情实感。

2. 培养习作自信心，学习修改习作的方法。

3. 引导学生突出题眼——长大。

【教学重点及难点】

引导学生体会如何把事情写具体，表达真情实感。

【课时安排】

1课时。

【教学准备】

教学 PPT。

【教学过程】

一、谈话导入，回顾要求（5分钟）

1. 谈话导入

师：同学们，几天前我们完成了一篇习作，习作的题目是——那一刻，我长大了。

2. 强调习作要求中的要点

师：同学们，首先让我们回顾一下习作要求（幻灯片出示习作要求）。

习作要求如下：

习作题目：那一刻，我长大了

要求：

（1）书写规范整洁，行款正确。

（2）语句通顺，分段表述。

（3）内容具体，感情真实。

师：请同学读习作要求。

教师追问：如何做到内容具体、感情真实呢？

教师根据学生发言相机板书：

事件真实

运用描写

突出长大

【教师总结】

只有明确了习作要求，才能写出令人满意的习作。

【设计意图：教会学生在进行习作之前，先要明确习作要求，并能根据习作要求完成习作。**】**

二、总体评价，激发兴趣（5分钟）

1. 总评内容

准备：教师首先将批改后的习作做总体上的整理，把选材好的习作整理出来，整理后当着学生面进行总评。

学情预设：

×××同学写了在医院见生命垂危的奶奶最后一面的那一刻，虚弱的奶奶强打精神，面带笑容，紧握他的手的场景，让他既感受到了奶奶的爱，又体会到了生离死别，珍爱家人、珍视生命的重要性，就在那一刻，他长大了！

×××同学看见妈妈把更多的时间给了弟弟，先是不理解，到后来逐渐理解，那一刻，他长大了！理解父母也是一种长大！像这样好的习作、好的选材还有很多，你们把老师带回了童年美好的生活，我不禁感叹童年真好！

2. 总评书写

准备：教师首先将批改后的习作做总体上的整理，把书写好的学生名字整理出来，整理后当着学生面进行总评。

师：批阅你们的习作是一种享受，几乎篇篇习作书写都那么工整，卷面都那么整洁，你们的习惯真好！这个好习惯会让你受益终生的！有这样好习惯的孩子：（点名）请点到名字的同学起立，让我们用掌声鼓励他们，希望他们再接再厉！也希望同学们都能像他们一样，养成良好的书写习惯！

设计理念：从两个方面进行总体评价，一个是选材，即学生习作内容。另一个是书写。这里既有对学生的表扬，又有对学生选材的引导。这一环节，树立学生自信心的同时，又能让学生有更多的选材。课标中要求习作教学要激发学生习作的兴趣，树立学生习作的自信心！

三、面向全体，交流欣赏（20分钟）

课前准备：教师用批改符号进行习作批改。

师：同学们，请你打开习作，这次习作评改老师没有给你留下文字，也没有给你留下评语，看看你的习作有哪些发现？符号！都有什么符号？教师板书符号。符号都很神秘，每个符号都代表着一定的意义，请你再快速默读一下，猜猜这些符号有什么意义。

猜出来的举手。我看看，这么多！谁来说说：三角有什么意义？猜猜！到底猜得对不对呢？我们先来看一个画三角的段落。（出示画三角的段落，三角要明显）

1. 赏"三角"

幻灯片出示

△话音刚落，我心想：要不还是告诉妈妈真相吧，俗话说"瞒得了一时，瞒不了一世"啊！我支支吾吾地说："妈妈，我其实考得很差，对不起，我跟您撒谎了。"妈妈对我说："没事的，知道错了就好，这一次我先不跟你生气，但是你得跟我保证以后你再也不撒谎了。"我信誓旦旦地说："我保证。"敢于面对问题不逃避；敢于承认错误不撒谎。就在那一刻，我突然觉得自己长大了！（略作改动）

师：谁写的？你给大家读读。读后你们都有哪些体会？老师为什么要给这一段画三角呢？

幻灯片出示：

△话音刚落，我心想：要不还是告诉妈妈真相吧，俗话说"瞒得了一时，瞒不了一世"啊！我支支吾吾地说："妈妈，我其实考得很差，对不起，我跟您撒谎了。"妈妈对我说："没事的，知道错了就好，这一次我先不跟你生气，但是你得跟我保证以后你再也不撒谎了。"我信誓旦旦地说：

"我保证。"敢于面对问题不逃避；敢于承认错误不撒谎。就在那一刻，我突然觉得自己长大了！（略作改动）

让学生读这一片段中的红字，说体会。

生：有心理活动和语言描写。

师总结：你们说得很好，这些语句都运用了描写，这样文章就具体了，这是老师画三角的第一个原因。

小作者，我想采访采访你！这件事是什么时候发生的？后来怎么样了啊？（针对内容提问）

真实的时间、真实的事件、真实的情感，你做到了说真话，表真情。这是老师画三角的第二个原因——事件真实。

幻灯片出示：

△话音刚落，我心想：要不还是告诉妈妈真相吧，俗话说"瞒得了一时，瞒不了一世"啊！我支支吾吾地说："妈妈，我其实考得很差，对不起，我跟您撒谎了。"妈妈对我说："没事的，知道错了就好，这一次我先不跟你生气，但是你得跟我保证以后你再也不撒谎了。"我信誓旦旦地说："我保证。"敢于面对问题不逃避；敢于承认错误不撒谎。就在那一刻，我突然觉得自己长大了！（略作改动）

生：写出了长大了，点明了主题，也写出了长大的原因。

师：这是老师画三角的第三个原因——突出长大！

教师小结：大家看屏幕，老师之所以画三角，就是因为这篇文章事件真实、内容具体、突出长大。而事件真实、内容具体、突出长大恰恰是这篇习作最重要的要求，也是最难的要求，他做到了，所以是最好的！

再找一名学生读画"三角"的内容具体、感情真实的段落。

2. 赏"浪线"

师：一会老师再给大家时间交流，我们接着看看画波浪线的句子有什么含义。谁来猜一猜？

你猜得对不对呢？我们来看看画波浪线的句子。

幻灯片出示：

句1：进了病房，我看见奶奶虚弱地躺在床上，眼睛并没有光芒。——孙海桐

（体会用词准确）

幻灯片出示：

句2：那一刻，我长大了，我想起了一句话。子曰："父母之年，不可不知也，一则以喜，一则以惧。"——王嘉然

（体会善于学以致用）

3. 小组欣赏交流画"三角"和"浪线"的内容。

师：接下来老师给大家时间，你们在小组内交流交流你们画三角的段落和画波浪线的段落。

设计理念：在欣赏中明确好的习作的标准，在欣赏中培养学生习作的自信心。

四、问题列举，指导修改（10分钟）

师：接下来，我们看看画※号的部分，这个米字号是什么意思？

课前准备：将有问题的习作或是习作片段前打"※"号、"＿＿?、○□"。

1. 评※

幻灯片出示※片段一：未完成的学生习作

共同提出建议：提高书写速度

幻灯片出示※片段二：错别字多的学生习作

共同提出建议：养成查字典的好习惯

幻灯片出示※片段三：

※我跑到我屋哭了起来，爸爸来安慰我，我在听完爸爸对我的"长篇大论"之后，我感到那一刻我长大了！

师：这一段为什么打这个符号？这个符号究竟代表什么呢？大家读一读这个片段，能不能结合画三角的说一说：问题在哪儿？

生：不具体！

师：大家帮帮他，看看怎么修改。

大家一起提出修改意见，帮助修改。

幻灯片出示教师修改的下水文，让学生读，体会教师是如何修改的。

教师下水文如下：

我跑到屋里哭了起来，心中暗想：我真不是故意的，况且，我已经陪她玩那么长时间了，妈妈为什么不能问个明白呢？这样，不分青红皂白地批评我，对我真有点不公平。想到这儿，我哭得更厉害了。不一会儿，爸爸进来了，爸爸安慰我说："姑娘，是不是觉得受委屈了？"我不作声。爸爸接着说："妹妹还小，做姐姐的理应让着她。尊老爱幼是我们中华民族的传统美德。再说了，妹妹是客，我们要尽地主之谊。妈妈批评了你，你得理解妈妈，难不成让妈妈去批评咱们家的客人吗？"我觉得爸爸说得有道理，擦了擦眼泪，抽泣着说："我知道了，爸爸。"中国自古以来就是一个礼仪之邦，以礼待客是我们的传统美德，就在那一刻，我长大了！

师：这个片段的小作者是谁？有没有有勇气面对自己的问题？首先我得表扬你，你真了不起！你敢于面对问题，你还能进步！掌声在哪里？我觉得最应该给他鼓掌！这将不仅是一次习作上的成功，更是你敢于正视自己的一次成功。只有敢于面对问题，才能解决问题。

2. 评"＿＿？"和"○□"

我们接着来看：这几个符号都是什么意思？老师就不领着你们分析了，请结合自己的习作同桌之间研究研究。

学生汇报：

生：我累得大汗淋漓、满头大汗。？（横线和问号表示这句话是病句）

教师追问：如何解决？读一读再修改修改。

生：我累得大汗淋漓。

生：圆圈和方框是错字，要把正确的改在方框里。

教师追问：不会写的字怎么办？

生：查字典。

3. 自我修改

师：同学们，课上到这儿，我们刚才欣赏了，知道了什么是好的，我们也评价了，知道了什么是应该改的，请你对照自己的习作，看看自己的文章哪些地方需要修改，你打算怎么改，同桌交流交流。

教师板书：赏、评、改

师：谁来说一说：你想怎么修改？（敢于否定自己就是在进步！只要你有改的意识就是好的，改多改少不重要！你善于学习善于反思，你还能进步！老师相信你，只要给你时间你能改得更好）

4. 布置习作修改过程评价表

幻灯出示习作修改过程评价表

习作修改过程中的态度	是否掌握了修改习作的方法	对习作修改的结果是否满意	备注
认真（　　）	学会了方法（　　）	满意（　　）	在括号后面用"√"标出
一般（　　）	基本学会了（　　）	较满意（　　）	
不认真（　　）	尚需努力（　　）	不满意（　　）	

师："好文章都是改出来的"，修改的过程很重要！我们来看这个修改过程评价表。同学们读一读，看看有没有不懂的地方。请大家回去认真修改，把改好的作文连同表格交给我，老师再综合评价你的习作。

【设计意图：引导学生在自主探究中发现习作中的问题。针对问题进行探讨交流，体会如何写具体，表达真情实感。引导学生掌握修改习作的方式，明确修改中的注意事项。】

结束语：同学们，这节课我们先回顾了习作的要求，接着在你们的发现探究中我们了解了这些批阅符号的意义，欣赏了三角和浪线的部分，我们知道了好的习作的标准；在评价重点号的段落我们也更明确了什么样的习作是需要修改的；在修改片段的过程中大家集思广益，学会了不少修改的办法。我想有了正确的修改方向，再运用一些修改方法，反复修改后，你们的文章一定能打动自己，更能打动他人！

这节课我们就上到这里，谢谢同学们的合作！下课！

四、板书设计

写具体	事件真实	赏
	运用描写	评
	突出成长	改

◇ **教学反思**

一、习作讲评课重在激励

习作讲评课一定要培养学生的自信，激发学生进行再创造的兴趣，最主要的手段就是激励。

至今我仍对小时候老师让我站在讲台前面读习作的场景历历在目！作文的具体内容已经淡忘了，只模糊记得是作文的结构好，但老师对我作文的鼓励、对我在写作方面树立的信心，让我记了这么多年。站在讲台上读自己的作文时，既有外表的羞涩，又有内心的兴奋，羞涩是因为基本没有什么可以展示的机会，缺少这方面应有的心理素质的锻炼；兴奋是因为每个人都渴望得到认可，这份小小的成功让每一个细胞都在跳跃。所以，我也要努力让学生有更多的成功体验。

1. 给学生搭建一个可以展示自我的平台

给学生搭建一个展示自我的平台，让写得好的孩子有一种成就感。这应该形成一种长效机制，每一次习作讲评读学生的作文都是必不可少的环节，让孩子在这个环节中敢于展示，乐于展示。

2. 展示的作品不追求十全十美

老师往往习惯展示学生的"作品",标准是：完美的、可以成为范文的才叫"作品"。小学阶段,学生刚开始学习写作,老师不要人为提高习作的难度。对于学生的习作,我们要多元评价,一篇文章可以,一个片段也可以,甚至一句话写得好都可以展示,努力消除学生作文难、难作文的现状。

二、习作讲评课重在参与

好的习作都是改出来的,大家对这样的理念非常认同,然而真正的作文教学中学生参与作文修改的过程并不多见。老师多数都是剃头的挑子——一头热,老师给学生改得过多,有时候改的红字比学生写的黑字还多,但学生很少看或基本不看的现状比比皆是,教师白忙活一场。学生不参与或是不主动参与,这是造成习作教学低效、无效的主要原因。因此,笔者设计了习作修改过程评价表。关注习作过程,让学生主动参与,在参与中提升能力,这样的习作讲评课才能有效。

三、习作讲评课重在提升

每一次习作讲评课后,都要让学生的习作能力得到提升,不能在原地打转转。习作讲评课要想提升,要正确处理几对关系:

1. "贪多求全"与"一课一得"的关系

一篇习作,在整体上肯定存在着这样那样的不足,我们要让学生清楚最大的问题在哪里,绝不能眉毛胡子一把抓,要确定好一节习作讲评课的讲评重点,不能面面俱到,要一课一得。

2. "口头讲评"与"动手操练"的关系

我们要为学生指明问题习作的问题在哪里,同时,给学生一个脚手架,让学生知道如何修改。在《童年趣事》这篇习作讲评课上,有这样一个问题片段：我们玩的是碰碰车，我旁边的叔叔说先选车，我选的是粉色的车，妈妈选的是蓝色的车，由于我不会开车，我就左右乱撞，我们玩得很开心！出示问题片段后，我让学生思考问题出在哪。当学生发现问题是不具体后，先让学生自我修改。学生修改后，再出示教师修改的片段。片段如下：我们玩的是碰碰车。碰碰车颜色可多了，蓝色、粉色、红色、绿色，看得我眼花缭乱。旁边的叔叔说："选一个喜欢的车吧！"我谢过了叔叔，挑了一个粉色的车，粉色可是我最钟爱的颜色。接着妈妈选了一个蓝色的车。我不会开车啊！看着这个车，我有些不知所措，幸好开车前叔叔做了细致的讲解。我不住地叮嘱自己："我是个新手，大家小心！"说着，车开动了，我不知为何向左冲去，好不容易，把方向盘摆正了点，车子又向右冲来，奔着一个绿色车子撞去，我大喊："让开，我是新手！"可对方哪听得见，我直直地撞向了他，我心想：好险！幸好这是游乐场！车子又启动了，这回又径直地奔妈妈的车子去了……爸爸在旁边看着我笑。我跟爸爸说："有什么可笑的，我是新手！"爸爸冲我大声喊："儿子，你哪是新手啊？你简直就是新杀手！"接着让学生对比反思，反思后习得如何修改的办法，最后再进行二次修改。这两次操练，学生习得了方法，形成了修改的能力，也提升了习作水平。

作文能力是需要逐渐培养的，绝不是一蹴而就的，要上好每一节习作讲评课，真正提高习作讲评课的效率，让每一个学生受益！

◈ 专家评课

长春市宽城区教师进修学校　王娟

习作教学始终是语文教学的软肋——在语文教学中处于重要地位，公开教学却无人愿意涉足这个领域。语文教学的终极目标是要学生学会表达。我们的教学回避习作的指导与批改，是语文教师的不负责任，更是学生的悲哀。今天有幸听了李老师的讲评课，觉得在以下这几方面做得很好：

一、好的习作是"赏"出来的

李老师在上这节课一开始，就出示了两篇优秀的习作，可想而知，这两个孩子在这节课中一直会激动着、兴奋着，老师的字字句句都会深深地烙印在记忆的深处。孩子们的习作，得到了大家的欣赏，无形中就会增添他们的习作自信，习作的兴趣就会激增。学生有了兴趣，有了自信，就会愿意表达。只有学生自己对习作有浓厚的兴趣，才会欲罢不能。

二、好的习作是"评"出来的

李老师在评价一名学生的习作时，曾经有这样一个教学环节：这段话我给画上了波浪线，是因为有一个字用得好。你们猜猜是哪个字。几个学生异口同声地说："塞。"老师夸奖了这几个孩子真聪明。这样的评价所起的作用，是非常有效的。

三、好的习作是"改"出来的

李老师的这节习作评改课分三个层面：一是对优秀习作进行欣赏；二是对精彩的句段进行评析；三是对问题习作进行修改。李老师在出示一篇问题较多的习作时，首先对习作者进行鼓励：你很勇敢，敢于正视自己的问题。正视问题是解决问题的前提。然后明确指出问题所在，交给学生修改的方法，同时进一步激励这个学生：我相信你一定能改好自己的习作。老师在课堂上交给学生修改方法的同时，更要最大限度地保护好学生的自尊心与自信心。

第三节　如何让学生的作文有"个性"

现代教育的主旋律是培养学生的创新意识和创新能力。可面对学生的作文，高年级的语文老师常常有这样的烦恼：学生的习作往往辞藻过于华丽，假话、空话太多，描写雷同，事例同化，人物缺乏特点。因此，在作文辅导中，培养学生的创新思维能力，倡导作文的"个性"就具有十分重要的意义。

一、选材要独特，让文章有个性

要想让学生作文充满"个性"，还是要从选材入手。高年段教师要引导学生大胆选材，避开常选的素材，要敢于创新。著名作家茅盾提出选材要"像关卡的税吏似的百般挑剔"。写作之前，教师要引导学生从小处着眼，认真地比较、斟酌，挑选那些趣味横生、离奇曲折，或让人意想不到的"人与事"。然后，准确地使用到自己的文章之中。例如要求写《令我佩服的人》，很多学生都会选择清洁工、快递员、警察、教师、医生等职业的人，觉得只有他们的岗位才值得写，值得去歌颂。其实不然，学生身边的人一样在默默地奉献，每天早起为孩子做早餐的妈妈，天天接送孩子放学的爸爸，可以是平时节俭却大方助人的奶奶，也可以是十年如一日坚持练太极拳的爷爷……这些平凡的人身上都有着令我们佩服的地方，把这些素材挖掘出来。贴近生活，更容易观察和描写。写作难度降低，反而更容易写出精彩、有"个性"的文章。高年段的教师在指导学生写作时，要有意识地带领学生摆脱儿童的幼稚。因为他们正在走向青少年时期，初中的写作往往以议论文居多，需要他们持有独到的见解。因此小学高年段要做好过渡，要让学生逐渐形成自己的写作风格。首先就要在素材选择上多下功夫。教师的指导也要由正确选材逐渐向特色选材过渡，引导学生用逆向思维去选材。如同美术中的"静物写生"，别人都选择从静物的正面角度去画，画出来的作品千篇一律。有人则会选择从静物的侧面去画，让人眼前一亮。美术如此，文学作品亦是如此。同样描写"雪"，大多数同学会赞美雪的洁白、美丽，对农作物有益，净化空气等优点，如果这时有人一反常态，不写雪纯洁、美丽，而是描写自己做过的一个实验，这洁白的雪化了之后竟然是肮脏的水。然后升华主旨"看事物不能被表面迷惑"，或者是由水变化为雪的过程引起思考，要想让自己变得美丽，就要经过艰辛的努力。这样"雪"这个事物，从不同角度描写，效果竟是截然不同的。因此从进入高年段开始，教师在平时的教学中就要引导学生，观察课文中那些独到的选材，有意识地进行模仿。除了仿写之外，还可以尝试改写。一是可以改写课文，如《穷人》如果女主人公桑娜没有收养两个孩子，这两个孩子的命运该是什么样的？收养之后，他们一家又会有着怎样的命运？另一种，还可以把低、中年段自己旧的习作拿出来进行重新写作。这些方法都能帮助学生拓宽思路，学会选取与众不同的素材，渐渐地他们的作文也会百花齐放。

二、巧妙布局，让文章充满"个性"

有了写作素材，下一步就涉及谋篇布局。高年级学生对文章的结构已经有了一定的了解，能较熟练地运用时间顺序、事情发展顺序、空间顺序等几种常见的顺序安排材料。在此基础上，教师应引导学生敢于创新，尝试运用其他的结构进行写作。如世界小小说大师"欧·亨利"的特点是，每篇小小说都有一个让人意想不到的结构，结尾又总是出乎意料，这样的构思可谓"新巧别致"。

在谋篇布局的过程中，写提纲是第一步。一般写作提纲有两方面的内容：一是确定文章主题和主要内容；二是交代文章每个段落的大致内容。写作提纲的表现形式有很多，如表格式、图形式、思维导图式等等。但不论形式如何多样，作用都是相同的。文章的框架，如一棵大树的主干，而文章中具体的描写就是大树的枝叶。同样，如图书馆书架，一个大书架中有不同的格子。每个格子放的书籍不同，提纲就是那个分好了格子的大书架。如若没有提纲，所有的书就只能堆放在地上。

在制订提纲时就要想好各种素材的安排，除了以前学习的那些顺序以外，还有很多方法，如以时空为线索。按照事件发生时间的先后或空间的交错转换作为线索。这种方法在科幻小说中常常被采用。《流浪地球》就是围绕未来的地球从地下写到地上，再到太空的立体结构全方位展现故事；再如以悬疑为线索，这种方法常见于侦探小说。《福尔摩斯探案集》每集一个案件，都是以查找凶手的破案线索为顺序来安排的。悬疑的设置一般有三种方式：一种是以一个悬念为线索，提出——破译——完成，形成一个事件的完整闭环；一种是在描写的过程中不断地制造悬念，使故事悬念迭出，读起来让人欲罢不能；还有一种是"悬而未决"，直至文章结尾也没有交代结果，给读者留下想象的余地，使文章意味深长，这种手法在时下的一些小说中最为常用。在高年段作文教学时，可以讲授电影"蒙太奇"手法，提高学生写作兴趣。再针对高年段的实际情况，引导学生尝试运用"镜头组合法"。学生可根据所要表达的中心，选择几个典型人物、事件片段组合成文。运用镜头组合法构思文章时，可以进行空间的变化，例如以"春天"为题，可以写乡村的春天、县城里的春天、城市里的春天；写运动会，可以写运动场上的观众席、运动员候场区、比赛区、裁判员区，以及在同一时间内各区域的人物表现。然后进行组合，并用小标题加以区分，全方位地将事件呈现给读者。

三、语言有特色，让文章彰显"个性"

如果说文章的选材是大树的根基，谋篇布局是大树的主干，那么文章的语言就是大树的枝叶和花朵。一篇文章是娓娓道来，给人以亲切的感受，抑或语言犀利，充满讽刺的意味，这都是由语言来决定的。一般知名作家都有着属于自己的写作风格，这些风格就是读者从他的语言文字中感受到的。朱自清散文的清新抒情，读起来如饮好茶，让人唇齿留香；老舍语言的口语化，给人以质朴亲切的印象；鲁迅文章中的词句，就像一把利剑，直入人心，让人警醒；梁晓声平铺直叙，没有任何修饰的叙述，就能把读者直接带入书中的情景，让人感同身受；钱锺书的幽默讽刺，又让人忍俊不禁。阅读这些作家的书籍，就可以知道作家的为人，不同的人使用语言会产生自己的习惯和风格，这就是"文如其人"。到了高年段，教师要引导学生形成自己的写作风格。有的同学喜欢诗词，不妨引导他们在作文中，恰当地引用一两句。在描写《春雨》时就可以引用"好雨知时节，当春乃发生。随风潜入夜，润物细无声"。写到晨雾中的亭台楼阁，也可借用"绿草苍苍，白雾茫茫，有位佳人，在水一方"，同理，还可以引用歌词为自己的文章增添色彩。有的同学则比较理性，喜欢用简单直白的语言进行描述，这就可以引用数字、例证来为自己的作文助力。还有同学对科技感兴趣，在写科幻类作文时可以采用网络流行语言，进行个性化的表达。

语言要有特色，灵活多变。要根据实际情况，对不同对象采用适合的语言风格。如描写东北人，人物的对话不妨引用"东北话"，这样才真实可信；描写小动物，可以尝试以第一人称来自述；描写美丽的风景，不妨把它当作一位美丽的少女去写，就像《林海》中写的那样："青松作衫，白桦为裙，还穿着绣花鞋，连树与树之间的空隙也不缺乏色彩。"这样的描写充满画面感，让人心向往之。

要想让学生的作文语言富有特色，就离不开平时的积累。"腹有诗书气自华"，具有丰富的文化底蕴才能提炼出富有特色的语言。词句新鲜，文笔灵动，寓意深刻，将个人风采融于作文之中，才能使文章拥有自己的个性，让人回味无穷。

教学实录

六年级下册第五单元习作
《插上科学的翅膀》教学实录

◆**课程说明**

本次习作是人教版、长春版教材没有呈现的内容。《科幻故事》学生难写，教师也很难教。如何引导学生进行习作，笔者认为须做到"三要"：

1. 要引导学生明确科幻的含义

科幻故事也属于想象作文，但是不同于"根据《凡卡》原文的故事情节，想象故事之后可能发生的故事""任选一组词语，展开合理的想象，试着创编一个小故事"等想象作文。

科幻故事限定得更加明确，要求是"科幻"。"科幻"一词，现代汉语词典中解释为"科学幻想"。可见，科幻故事是科学知识与想象力相结合的产物，是以科学知识为依据，发挥丰富合理想象，写出故事。

2. 要引导学生了解科学知识

"巧妇难为无米之炊"，即使是聪明能干的妇女，没米也做不出饭来。学生写科幻故事亦是如此，如果学生没有了解、掌握一些科学知识，就很难写出科幻故事。

3. 要引导学生拓宽情节思路

故事是指真实的或虚构的用作讲述对象的事情，有连贯性，富吸引力，能感染人。在教学中，教师只有搭建平台，引导学生交流分享，拓宽学生思路，大胆放手，引导学生快乐地、自由地、大胆地想象，学生才能写出奇特而又令人信服的科幻故事。

◈ 教学设计

插上科学的翅膀

【教学目标】

1. 激发学生思维，明确科幻故事的含义。

2. 激发学生兴趣，交流分享科幻故事。

3. 通过习作指导，引导学生写出奇特而又令人信服的科幻故事。

4. 通过习作讲评，引导学生主动修改自己的习作。

【教学重点】

引导学生明确科幻故事含义。

【教学难点】

引导学生展开丰富合理的想象，把科幻故事写得奇特而又令人信服。

【课时安排】

3 课时。

第一课时 习作指导

【课时目标】

1. 激发学生思维，明确科幻故事的含义。

2. 激发学生兴趣，交流分享科幻故事。

【教学准备】

1. 多媒体课件。（教师）

2. 阅读科幻故事或观看科幻影视作品。（学生）

【教学过程】

一、观看影片，导入新课（5分）

1. 导入

同学们喜欢看电影吗？今天老师给大家带来了一部影片的预告片，请大家边看边思考：这部电影是什么题材的？它是由哪部小说改编的？作者是谁？（课件出示影片《流浪地球》预告片）

2. 交流

这部影片是科幻片，小说名字叫"流浪地球"，作者是刘慈欣。

3. 创设情景

同学们一定也想像刘慈欣一样做个科幻大王，现在机会来了，咱们学校第一届科幻故事大赛正在如火如荼地进行着，请大家积极参加吧！那么，什么是科幻故事呢？

预设：科学幻想是建立在科学基础上的。要在科学的基础上去发挥我们的想象空间。

7. 过渡

这节课，我们一起来交流怎么写科幻故事。（教师板书：科幻故事）

【设计意图】：通过学生感兴趣的科幻电影预告片导入新课，符合学生的年龄实际，同时，让学生明确什么是科幻故事，并且在此基础上，创设了学校开展科幻故事大赛的情境，这样更能激发他们创作的热情。】

二、阅读提示，明确要求（5分）

1. 交流

请同学们把书翻到 90 页，自由读一读本次习作要求。

2. 过渡

谁愿意读一读本次习作要求？

3. 指读

4. 启发思考

"部编本"语文教材注重基本写作方法的引导。谁能说说写作前我们应该做些什么？（教师板书：写作前）

预设：写之前和同学交流：你印象最深刻的科幻故事是什么？故事里

写了哪些现实中并不存在，却看起来令人信服的科学技术？这些科学技术对人们的生活和命运产生了什么影响？（教师板书：回忆故事）

【设计意图：通过学生自己读教材提示，既让学生明确了本次习作的要求，也对他们的习作方法，选材等方面有所提示。】

三、交流故事，汇报分享（10分）

1. 出示交流指南

交流指南

你印象最深刻的科幻故事是什么？故事里写了哪些现实中并不存在，却看起来令人信服的科学技术？这些科学技术对人们的生活和命运产生了什么影响？

说一说：小组成员分别交流，其他同学可以提问、补充。

选一选：选取一名同学代表小组汇报分享。

2. 交流

请同学们看交流指南，谁能读一读。

3. 学生小组合作学习、交流

4. 各组汇报分享，教师相机总结、鼓励

5. 小结

同学们分享了这么多科幻故事，其中蕴含着神奇的科学技术。雨果·根斯巴克认为，科幻小说是帮助读者吸收科学知识的糖丸。我们也要努力把科幻故事写好。

【设计意图：在学生明确什么是科幻故事、本次习作要求的基础上，让学生明白关键是怎么写科幻故事。"巧妇难为无米之炊"，学生最擅长模

仿，所以，笔者安排了"回忆故事"这个环节，以拓宽学生的思路，帮助他们寻找恰当的方法。】

四、夯实基础，明确主题（10分）

1. 过渡：

同学们，科幻故事虽然超越现实，但往往来源于我们的现实生活。

2. 小组交流

A. 现实生活中遇到的困难或者问题，现在还无法解决的，例如：交通堵塞、恶劣天气、无法治愈的疾病、环境污染……

B. 未来世界探秘，如外太空探索、时空穿越……

3. 学生小组合作学习，交流

4. 各组汇报分享，教师相机指导

5. 小结

同学们，一个个问题摆在我们的面前，让我们一起在我们的科幻故事里解决吧！

【设计意图：科幻故事虽然是天马行空的想象，但也要与现实生活接轨，大多数来源于现实生活中遇到的一些暂时无法解决的问题，或者是人类目前无法探究的世界。让学生联系自己的生活实际选材，解决了他们选材上大而空的问题，能让他们针对生活实际，有话可说，有事可写。】

四、交流情节，拓宽思路（10分）

1. 过渡

写作前我们应该做的，同学们完成得已经非常好了。谁能说说写作前我们还应该做些什么？

预设：交流之后大胆设想：在你的笔下，人物的生活环境是怎样的？他们可能运用哪些不可思议的科学技术？这些科学技术使故事中的人物有了怎样的奇特经历？放飞想象，让你的故事把读者带进一个神奇的科幻世界吧。（教师板书：设想情节）

2. 交流

同学们也想写一写科幻故事，让别人来欣赏你们的杰作吧。我们写之前，可以采用列提纲的方式简要地把你要写的科幻故事的故事情节写下来，可以像老师这样写。（教师板书：列出提纲）

科幻故事	《记忆再生不是梦》	
主要情节	2050 年，我和同桌登上 Y 星球，所见	
	采集到地球上没有发现的新元素	
	研制出"记忆再生丸"	
	为失去记忆的人们带来福音	

3. 学生思考、写故事情节

4. 过渡

谁愿意和我们交流分享一下你要写的科幻故事的故事情节？

5. 学生交流分享，教师相机总结、鼓励

6. 小结

同学们讲的故事中都蕴含着科学知识，而且想象力丰富，讲得很精彩。老师相信同学们不但能想好、讲好，也能写好。下节课，我们师生一起写一写科幻故事，看看谁写的科幻故事奇特而又令人信服。这节课，我们就上到这里，下课。

【设计意图：让学生根据自己设计的情节，列出写作提纲，是高年级学生习作前重要的一个环节，做好这些，学生在习作时，就理清了思路，能够做到下笔不停，一气呵成。】

五、板书设计

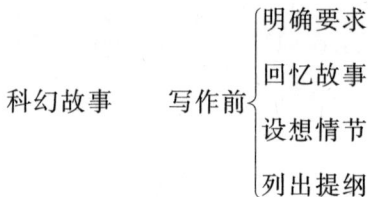

科幻故事　　写作前 { 明确要求 / 回忆故事 / 设想情节 / 列出提纲

◇ 教学反思

"有一个孩子每天向前走去，他看见最初的东西，他就变成那东西，那东西就变成他的一部分……

如果是早开的紫丁香，那么它就会变成这个孩子的一部分；如果是杂乱的野草，那么它也会变成这个孩子的一部分。"

这是美国诗人惠特曼关于孩子的一首诗，这首诗于无意中回归了教育原点，以诗性表达触及教育的发生内核，不由得让我们追问：我们究竟该在什么时间以什么方式给孩子提供什么？

教育是唤醒，而非灌输。

当我读完"插上科学的翅膀"这次习作要求后，我畏惧：这次习作对于学生来说太难了，难在能否理解写"科幻故事"和写"想象作文"的异同，这是习作的前提；难在是否掌握了足够的科学知识，这是习作的支撑；难在能否将科学知识与想象力相结合，写出奇特而又令人信服的科幻故事，这是习作的关键。

为了激发学生的学习兴趣，培养学生自主学习的意识和习惯，我采用"观看影片，导入新课"方式，引导学生在观看中感悟"科幻""科幻领域"，理解科幻故事的特点。通过"交流故事，汇报分享"，引导学生联系已有的知识经验进行感悟。通过汇报分享，提升学生对科幻故事的理解，为习作做好铺垫。最后，运用"交流情节，拓宽思路"的方法，引导学生在独立思考的基础上，交流科幻故事主要情节，引导其他学生从中得到启发，丰富自己的想象。

本节习作指导课遵循儿童的认知规律，从易到难，层层深入。一步一步地引导学生理解"科幻"、交流分享、拓宽思路、大胆设想，插上科学的翅膀。

教学永远是一门遗憾的艺术，这节习作指导课我也发现了自身存在的不足：

一是自身对于"科幻"作品阅读量少，学生交流的科幻故事有的没有阅读过，不能做出及时反馈、激励评价。以后要扩大阅读面，增加阅读量，提高阅读品位。

二是本节课内容可参考资料较少、可借鉴经验不多，在备课过程中难免有不当之处，如何指导学生写《科幻故事》，特别希望能得到其他老师的宝贵意见。

◆ **专家评课**

长春市宽城区教师进修学校　王娟

李老师所执教的这堂习作指导课，充分体现了《语文课程标准》的精神，在引导学生自由表达和有创意地表达上有了较大的突破。总的来说有以下几个特点：

第一，重视兴趣的激发。俗话说："兴趣是最好的老师。"兴趣是写好文章的基础，本堂课的教学，教者注意通过观看孩子喜闻乐见的科幻故事电影、导入新课方式，引导学生在观看影片中感悟"科幻""科幻领域"，理解科幻故事的特点，并且创设科幻故事大赛这个情境，更加激发了学生的习作欲望，让学生饶有兴趣地投入习作训练之中。

第二，重视思路的开拓。叶圣陶曾经说过："心有所思，情有所感，而后有所撰作。"李老师层层深入递进，降低写作难度，先出示交流指南，小组成员在小组内充分交流后，汇报分享，然后出示范例，列写作提纲，引导学生观察并讲解怎样填写写作提纲，最后尝试填写故事情节写作提纲。学生汇报时，重视对学生的鼓励和支持，老师注意营造民主平等的学习氛围，以童心、童趣对待学生，多次强调大胆想象，有自己特色地想象，从学生汇报来看，收到了较好的教学效果。

第三，重视学生习作方法的指导。本次习作，对于学生来说比较陌生，而且不同于一般的想象文，要在科学的基础上，加以大胆想象，编写故事。李老师在教学中层层深入，先让学生理解主题——科幻故事，这是学生习作的基础，无论写哪一篇习作，都要首先确定主题，才会在接下来的创作中，不跑题。接着，他又让学生交流自己感兴趣的科幻故事，开阔学生的思路，提供一根小拐棍，让学生感悟一下科幻故事的写法，并且，为自己创作科幻故事做好了铺垫。最后，他又带领学生们从生活中寻找问题，并发挥大胆想象去解决，一起列出写作提纲。这样几个环节下来，学生们基本掌握了习作创作前的方法。

第四，小组合作学习效果明显。本节课，李老师特别重视孩子学习方式的转变，充分把课堂的主动权还给孩子。多次恰当地安排了小组合作学习，在教学中真正地体现了自主、合作、探究的学习方式。从整节课的学习效果来看，学生们在小组内分工协作，畅所欲言，学生与学生间年龄差不多，认知水平差不多，所以交流起来更方便、更顺畅。解决了师生对话式交流时学生不敢说、浪费时间等问题。教师在整节课的课堂教学中，作为学习的指导者和参与者，在关键之处，起着画龙点睛的作用。

　　总之，这节课学生们在轻松愉悦的氛围中，插上了想象的翅膀，并且在老师适时参与和指导下，学会了写科幻故事的方法，教师教得踏踏实实，学生学真真实实。

写 在 最 后

　　这本书从构思到动笔写作，经历了短短三个多月的时间，虽然时间不长，但浓缩了笔者近三十年的教学心得。这三个多月，我写得很辛苦，一边写作一边回顾、反思、整理过去的作文教学记录，一点一点地查找之前积累的有关作文教学的资料。过程是痛苦的，写完回看，收获却是满满的。在写作工作结束之际，再读这本书稿，觉得仍有很多不足，却也欣慰，因为终于有机会将自己的作文教学所得奉献给大家了。不管怎样，算是践行了陶行知先生的"捧着一颗心来，不带半根草去"这句话！希望多少带给大家一点启示！